Hechos de los Após

The Damascus Gate

Ptres. José & Lidia Zapico

Nuestra Visión

A lcanzar las naciones llevando la autenticidad de la revelación de la Palabra de Dios, para incrementar la fe y el conocimiento de todos aquellos que lo anhelan fervientemente; esto, por medio de libros y materiales de audio y video.

Manual de Enseñanza Instituo de Capacitación Ministerial JVH

ISBN – 1-5990-023-7

Primera edición 2011

Portada diseñada por: JVH Esteban Zapico

Citas bíblicas tomadas de la Santa Biblia, Revisión 1960
©Sociedades Bíblicas Unidas

Categoría: Crecimiento espiritual

Publicado por: JVH Publications

Impreso por: JVH Printing

AGRADECIMIENTOS

Agradezco al Espíritu Santo por la inspiración de adaptar el libro de los Hechos a los estudiantes amadores de la Palabra de Dios. A Tatiana Figueroa, por la colaboración de los capítulos 5 y 7. A Esteban Zapico por la edición y a Claudia Lutin por la corrección del mismo.

OBJETIVO

Llegar a los estudiantes con un lenguaje sencillo para hacerles mas fácil la comprensión entre las diferentes corrientes ideológicas, políticas dentro del imperio romano, movimientos religiosos, conceptos familiares y sociales de la época en el cual se compone el libro de los Hechos. Desde los años siguientes después de la resurrección de Cristo hasta la llegada de Pablo a Roma (33 – 66 d.C.)

CONTENIDO

INTRODUCCIÓN

LIBRO DE HECHOS CONTENIDOS Y DIVISIONES DE CAPÍTULOS

El libro se divide naturalmente en 2 grandes secciones:

1. Del capítulo 1 al 12 - Pedro es el personaje principal.

La 1ª sección registra el desarrollo de la iglesia de Jerusalén (Cap.1-7), su expansión a las regiones vecinas de Judea y Samaria (Cap. 8), la conversión de Saulo (Cap. 9) y la de Cornelio (Cap.10), la aceptación de los primeros conversos no judíos por la iglesia de Jerusalén (Hch. 11:1-18), el establecimiento de la primera iglesia gentil en Antioquía de Siria (vs 19-30), el encarcelamiento de Santiago y Pedro (Hch. 12:1-19) y la muerte de Herodes Agripa

2. Del capítulo 13 al 28 - Pablo es el centro de la atención.

La 2ª sección cubre el ministerio de Pablo a los gentiles del mundo romano: su 1er, viaje misionero a Chipre y el Asia Menor (Hch. 13:1-15:35); su 2º viaje, que lo llevó a Macedonia y Grecia (15:36-18:22); su 3er viaje misionero, gran parte del cual estuvo dedicado a Efeso y la provincia romana de Asia (Hch. 18:23-20:3); su regreso a Jerusalén y su arresto allí (20:4-23:30), su encarcelamiento en Cesarea, su apelación a César y su viaje a Roma (Hch. 23:31-28:31).

AUTOR DEL LIBRO DE LOS HECHOS

Entre los compañeros mencionados en los viajes misioneros de Pablo hay uno especial y en (Col. 4:14) se incluye mandando saludos a la Iglesia de Colosas; es Lucas el medico amado, compañero incansable de Pablo en muchos de sus viajes. En Filemón v.24 se lo describe como compañero de tareas junto al apóstol. Teófilo es mas que un nombre es una persona que busca los detalles de las acciones de algo o alguien para ponerlo en orden y redactarlo lo mas claro posible. Por eso no se tienen duda que tanto el evangelio de Lucas como su segunda parte **Hechos de los Apóstoles** fue escrito por Lucas.

Hay una tercera referencia cuando Pablo escribe una de las ultimas cartas, "solo Lucas esta conmigo" 2 Tim. 4:11.

El libro lo escribe, muy probablemente, en Roma durante los 2 años del 1er. encarcelamiento de Pablo allí (61-63 d.C.). De esto es evidencia casi concluyente la forma abrupta en que se corta la narración poco después de la llegada de Pablo a Roma. El autor, que siguió las labores del gran apóstol de los gentiles desde el mismo comienzo -a menudo con gran detalle-, no dejaría de mencionar el resultado del 1er juicio de Pablo ante el César, su ministerio posterior, su 2º arresto y su prisión y su ejecución, si estos eventos ya hubieran ocurrido; parece que Lucas no dijo más en Hechos porque no había nada más para contar. En cuanto a su confiabilidad como historiador, ha sido plenamente vindicado en cada punto importante.

1
PENTECOSTÉS

I. Pentecostés
II. El derramar del Espíritu Santo
III. Conociendo al Espíritu Santo

Introducción: La Iglesia no nacería si el poder del Espíritu Santo no fuera derramado. Todo ministerio en la Iglesia debe ser activado y avivado por El. La unción del poder [*dunamis*] es igual a, *dinamita*, la ayuda al creyente para vencer las debilidades para llegar a ser un verdadero testigo.

Objetivo: Conocer mas al Espíritu Santo y su obra ayuda en la Iglesia primitiva.

Texto clave: *...Pero recibirán poder cuando el Espíritu Santo descienda sobre Uds.; y serán mis testigos y le hablaran a la gente acerca de mi en todas partes.* NTV Hch 1:9

I - PENTECOSTÉS

Jesús antes de partir al cielo lleva a sus discípulos a la ciudad de Betania y les da las ultimas <u>instrucciones</u>. Venia el gran cambio; comenzaría el

tiempo de la gracia el derramar del Espíritu Santo y el inicio de la Iglesia. Para eso era necesario que Jesús volviera al cielo de donde vino. **Ese cambio abriría las puertas para que la dispensación de la gracia se iniciara**. Se abre la puerta para la reconciliación del hombre *gentil a Dios. (*pagano, gr. [*étnicos*]). (Mt. 12:18. Isa. 9:1). Después de resucitar Jesús estuvo 40 días en la tierra rebelándose a mas de 500 personas, demostrando muchas pruebas convincentes que El realmente **estaba vivo.** (1 Ct. 15:6). Lo que sucedería después de estos 40 días, ya Jesús se lo había dicho en Lucas 24:47-51. *...También se escribió que este mensaje se proclamaría con la autoridad de su nombre a todas las naciones, comenzando con Jerusalén: Hay perdón de pecados para todos los que se arrepientan. Ustedes son testigos de todas estas cosas. Ahora enviaré al Espíritu Santo, tal como prometió mi Padre; pero quédense aquí en la ciudad hasta que el Espíritu Santo venga y los llene con poder del cielo. Entonces Jesús los llevó a Betania, levantó sus manos al cielo y los bendijo. Mientras los bendecía, los dejó y fue levantado al cielo.* NTV

Otra vez mientra El comía con ellos les ordeno:

- **Primero deberían recibir el regalo del Padre** - *No se vayan de Jerusalén hasta que el Padre les envíe el regalo que le prometió. Hechos 1:4*
- **Poder para ser testigo** - *pero recibiréis poder, cuando haya venido sobre vosotros el Espíritu Santo, y me seréis testigos en Jerusalén, en toda Judea, en Samaria, y hasta lo último de la tierra.* Hechos 1:8

Desde la resurrección hasta la ascensión pasaron 40 días – Desde la ascensión hasta el Pentecostés, 10 días. En total desde la fiesta de la Pascua a la fiesta del Pentecostés se celebraba 7 semanas completas, o sea 50 días. (Deut 16:9)

En la fiesta del Pentecostés donde cayo el Espíritu Santo. Ese día era la fiesta de la **primicia del trigo o cosecha se refiere a las fiestas de las semanas**. (Lev.23:16) Esta fiesta duraba solo **un día**. En esta época festivos los judíos bajaban de diferentes provincias y se reunían a Jerusalén para festejar esta fiesta anual. - **Tu eres el grano nuevo** -

EL PUEBLO DE DIOS RECORDABA LA PRIMERA SIEGA DESPUÉS QUE EL SEÑOR LES DIO LA TIERRA PROMETIDA. ERA EL "DIA DE LAS PRIMICIAS". EL PUEBLO DEBÍA TRAER OFRENDAS DE LAS PRIMICIAS RECOGIDAS.

En la fiesta del Pentecostés el Espíritu Santo vino en ese día como la primicia de la herencias del creyente. Quienes fueron añadidos ese día a la vez fueron las primicias del evangelio que fueron **los primeros frutos convertidos en ese día**. En ese año en el día de Pentecostés, se cumplió las dos cosas: 1) cayó el Espíritu Santo sobre ellos y 2) Pedro lleno del Espíritu Santo predico la multitud que se había acercado para oír "el estruendo". En ese día, mas de 3.000 personas se convirtieron a Cristo; eran **los primeros frutos de la gran cosecha de Dios**.

EN ESE DÍA, MAS DE 3.000 PERSONAS SE CONVIRTIERON A CRISTO COMO PRIMICIA PARA DIOS. ESE DÍA GLORIOSO NACIÓ LA IGLESIA EN GR. [EKKLESIA] = LA ASAMBLEA = GENTE REUNIDA EN UN LUGAR ESPECIFICO PARA EXALTAR A DIOS

La fiesta terminaba con comidas comunitarias a las que estaban invitados los pobres, los extranjeros y los levitas. En este día "agradable delante de Dios" se inicia "La gran Asamblea de los justos" donde la mesa se extiende a los pobres, mancos y paralíticos para participar de la mesa. Leemos la parábola: ***Un hombre hizo una gran cena, y convidó a muchos.*** La mesa servida se abría, para todos aquellos que voluntariamente aceptaran la invitación.

*Dijo el señor al siervo: Vé por los caminos y por los vallados, y **fuérzalos a entrar**, para que se llene mi casa. Lucas 14:23.* – La NTV dice: ***insístele que vengan.***

El día 50 para los Israelitas significa, " Año de la Liberación" Llegó la redención para los esclavos. La apertura de la Iglesia tendría un mensaje presente: Cristo nos redimió del pecado, ya no somos mas esclavos del pecado. El día de la redención llegó ¡ALELUYA! En el día del Pentecostés nació, la Iglesia de Cristo; la novia del cordero inmolado.

Jerusalén siempre fue y es el centro de la profecía bíblica y el lugar donde comenzó y terminara la historia de la actividad apostólica.

ES EN DONDE SE INICIO LA DISPENSACIÓN DE LA GRACIA.

En Jerusalén se organizó la Iglesia de Cristo bajo el liderazgo del primer concilio apostólico. El derramar del Espíritu Santo en la tierra dió el inicio a la evangelización del santo evangelio por todo el mundo.

II.- EL DERRAMAR DEL ESPÍRITU SANTO

Pero recibirán poder cuando el Espíritu Santo descienda sobre Uds.; y serán mis testigos y le hablaran a la gente acerca de mi en todas partes. NTV Hechos 1:9

El Espíritu Santo es el aliento de Dios, su vida, su poder. Estaba dentro de Jehová, porque es "El ser que existe en si mismo". La palabra *'Espíritu'* en hebreo es [*Rûaj Qôdesh*] viento, soplo, existir, vida dada del Espíritu de Dios. En Griego es [*Pnéuma Háguios*]. El Apóstol Pablo lo explica a los Efesios así: *Y ahora ustedes, los gentiles, también han oído la verdad, la Buena Noticia de que Dios los salva. Además, cuando creyeron en Cristo, Dios los identificó como suyos al darles el Espíritu Santo, el cual había prometido tiempo atrás. NTV Efesios. 1:13.*

- El Apóstol Juan habla del **Espíritu de Verdad** que guía a la Iglesia, y expone el error.
- El Espíritu Santo vino a **revelar a Cristo** y su obra expiatoria.

Nosotros somos de Dios; el que conoce a Dios, nos oye; el que no es de Dios, no nos oye. En esto conocemos el Espíritu de verdad y el espíritu de error. 1 de Juan 4:6.

La demostración visible de la venida del Espíritu Santo a la tierra.

*De repente, se oyó un ruido desde el cielo parecido al estruendo **de un viento fuerte e impetuoso** que llenó la casa donde estaban sentados. **3** Luego, algo parecido a unas **llamas o lenguas de fuego** aparecieron y se posaron sobre cada uno de ellos. **4** Y todos los presentes fueron llenos del Espíritu Santo y comenzaron a **hablar en otros idiomas**, conforme el Espíritu Santo les daba esa capacidad.* Hechos 2:2-4

- Espíritu Santo se manifestó como un viento recio. EL viento es comparado al soplo de Dios o aliento de Dios que da vida. El ser humano tienen el espíritu humano, pero el Espíritu Santo llena todo el ser espiritual del hombre. Elías fue testigo de la presencia de Dios como un viento silbo. El Espíritu es el que da vida espiritual al nuevo creyente. La vida del Espíritu se recibe cuando se nace en Espíritu y en verdad que es la palabra de Dios. Palabra y Espíritu se funden en uno. Jesús lo dijo: *El espíritu es el que da vida; la carne para nada aprovecha; las palabras que yo os he hablado son espíritu y son vida.* Juan 6:63

- Espíritu Santo como fuego. Jesús dijo que El venía con una misión importante: *...seréis bautizados en el Espíritu Santo y fuego.* Las cualidades del fuego están nombradas desde el pacto de Dios con el pueblo a través de Moisés. En el tabernáculo de reunión, Dios mismo prendió el fuego sobre el altar del sacrificio, desde el cielo. El fuego da calor, ilumina y aviva la brasa. Dios mismo es fuego consumidor, eso significa, **que quema las obras malas del corazón y purifica la vida de obras malas.** La manifestación de la llama de fuego sobre las cabezas de los 120 era una señal de la obra sobrenatural de la presencia de Dios.

- El hablar en otras lenguas *..Y todos fueron llenos del Espíritu Santo...***El Espíritu Santo repartía lenguas según quería.** *El hablar en lenguas* han sido dadas al creyente para hablar con Dios **misterios,** el hablar en lenguas como el don de interpretarlas. El don de interpretación de lenguas ayuda a entender los mensajes enviados por Dios. Es importante buscarlo **en ayuno**, para que el Señor desarrolle en abundancia el don de lenguas. Si comenzamos a interpretar las lenguas del Espíritu dentro de nosotros se desarrollara el don de la profecía.

LA IGLESIA GOZA DE INIGUALABLES REGALOS, QUE NO SON APLICADOS A PLENITUD HOY EN DÍA. ES RESPONSABILIDAD DE CADA UNO EN BUSCAR Y DESARROLLAR LOS DONES DE DIOS.

Dios hablo a través del profeta Joel que derramaría en los últimos días de su Espíritu sobre toda carne. Si creemos que estamos viviendo en los últimos días la profecía de Joel se aplica hoy mas que nunca, en medio de nosotros con estas tres promesas:
>   1- **Profetizaran**
>   2- **Verán visiones**
>   3- **Soñaran sueños.**

III. CONOCIENDO AL ESPÍRITU SANTO

El **Espíritu Santo,** siente, piensa, razona, es sensible como nosotros, por eso se compara a una paloma. Eso significa que si hay distracción o irreverencia, falta de reconocimiento a su persona, se va. **Si no lo anhelamos no viene, si no lo buscamos, no llega.** Pero si se le deja, el Espíritu Santo trabaja en nuestro corazón y en nuestra conciencia. Si le pedimos que lo necesitamos, que nos enseñe y nos guíe, lo hará. Cuando fallamos a Dios, **El toca** nuestra conciencia y nos trae convicción. Si lloramos es la señal que nos reconciliamos con El.

EL HOMBRE PUEDE PECAR CONTRA EL ESPÍRITU SANTO.

El ayuda a salir de cualquier situación difícil. El acto de quebrantar el corazón, hace que el alma se libere de la culpa; porque El trabaja junto con la Palabra; así lo expresa David en su oración de arrepentimiento ...*Los sacrificios de Dios son el espíritu quebrantado; Al corazón contrito y humillado no despreciarás tú, oh Dios.* Salmo 51:17
No podemos entristecerlo, cuando se obra fuera de la voluntad de Dios, se retira y se siente que Dios esta lejos de nosotros. Lo que sucede es que el

Espíritu de Dios se apaga dentro del corazón del creyente. Si eso sucede, se apaga también, la llama de la pasión por Cristo. Pablo exhorta a los fieles: *No apaguéis al Espíritu.* 1 Tsa. 5:19.

REFLEXIÓN: JESUCRISTO MISMO DIJO: CUALQUIER BLASFEMIA SERÁ PERDONADA PERO HAY UN PECADO QUE JAMÁS SERÁ CUBIERTO U OLVIDADO DELANTE DE DIOS Y ES QUE ALGUIEN BLASFEME CONTRA EL ESPÍRITU SANTO. SI LE CONOCES EVITARÁS OFENDERLO.

NOTAS

_____
_____
_____
_____
_____
_____
_____
_____
_____
_____
_____
_____
_____
_____
_____
_____
_____
_____
_____
_____
_____
_____

2
PEDRO EL PIONERO DEL REINO DE DIOS

I)   Nacimiento de la Iglesia y su crecimiento
II)   Vida y ministerio de Pedro
III)   Obras sobrenaturales a través de Pedro

Objetivo: Dios escoge a personas del vulgo sin preparación religiosa para que la gloria sea solo para El y así avergonzar lo sabio de este mundo. Los religiosos fueron confrontados con el poder sobrenatural de Dios a través de hombres sencillos y si letra como Pedro.

Reflexión: Hoy el mundo necesita menos sabios y mas hombres llenos del poder de Dios que ejecuten la verdadera obra de Dios. Tiene que verse mas Cristo y menos el yo.

Texto clave: *porque esta **sabiduría** no es la que desciende de lo alto, sino terrenal, animal, diabólica.* Santiago 3:15

I – NACIMIENTO DE LA IGLESIA Y SU CRECIMIENTO

El estruendo en el lugar donde estaban reunidos los discípulos en el día del Pentecostés fue tan grande que toda Jerusalén se trastorno. *Moraban entonces en Jerusalén judíos, varones piadosos, de todas las naciones bajo el cielo.* Hch 2:5. Los residentes de Jerusalén, fueron a ver que pasaba y para su asombro oyeron israelitas, galileos, que hablaban en idiomas como los dialectos que en sus propios países aprendieron desde niños hablar:

Lenguas de Partos, Medos, elamitas, de Mesopotamia, Judea capadocia, de Asia, ponto, Panfilia, Egipto, libia, idiomas de Roma, griegos cretenses y arabes.

Cuando descendió el Espíritu Santo, ¡asombro a muchos!. Y lo hizo de la forma más sencilla pero más sorprendente; a través de personas sin estudio. A estos escogió Dios y les dió el misterio, de hablar en diferentes idiomas; nada mas y nada menos que las lenguas mas predominantes de la época, que solo los mas inteligentes estudiosos hablarían como lo era el **árabe, griego, latín, caldeo, etc.**

- LENGUA ELAMITA = Situado entre sumeria y Acad; en el sudeste actual de Irán. Su idioma era el **antiguo farsi,*** (persa de Irán) llamadas lenguas elamo-dravidas.
Ejemplo:
- *appa ipikra huddamanra* = "lo que el fuerte quiere hacer".
- *appa u huddara* = "lo que he hecho".
- *šabarrakunme huttimanra* = "él quiere pelear".

- LENGUA DE LIBIA = Se hablaba en el norte del África, idioma **antiguo árabe.**
- DE MEDOS = conquistados por los Persas hablaban, algún tipo de **lengua indo-irania**
- DE PONTO = **Lengua griega**
- PANFILIA **= Dialecto panfilio.** Y así sucesivamente dialectos regionales que solo los residentes desde su infancia conocían.

Miles se juntaron en la calle, mientras que Pedro se levanta junto con los doce discípulos de Cristo; e inicia su primer mensaje, como llave de poder que abriría la puerta a la conversión a mas de 3.000 personas para el reino de Dios. **El Espíritu Santo le estaba dando poder y estabilidad a un Pedro que había superado la depresión y el ataque del enemigo**
Lo destacado del primer mensaje de Pedro a los residentes y ciudadanos de Jerusalén en el día de Pentecostés fue:

- **Esto no es borrachera; es lo profetizado por Joel. (Joel 2:28)**
- **El Espíritu Santo no solo traería lenguas variadas sino, profecía, visiones y sueños, maravillas, portentos y señales (algo que en la antigüedad solo los profetas gozaron, ahora seria para todos).**
- **Resalta las obras milagrosas de Cristo en medio del pueblo.**
- **Exalta a Cristo como el hijo de Dios y como el Mesías resucitado.**
- **Apertura de salvación para todo el que cree, (no solo al Judío, sino a toda lengua , raza y color).**

La respuesta fue rápida: ¿qué debemos hacer para ser salvos? . El **Espíritu Santo** trajo compungimiento en el corazón de los oyentes.

La palabra griega para "*compungir*" significa traspasar o "atravesar el corazón", y designa algo repentino e inesperado. En un estado de congoja y profunda convicción espiritual.

Pedro por el Espíritu de Dios les responsabilizaba a todo el pueblo de Jerusalén de haber asesinado a su Mesías prometido. Fue un mensaje claro, directo que solo el Espíritu Santo podía haberlo inspirado.

Esta convicción espiritual, solo lo puede traer el Espíritu Santo, cuando esta presente en medio de la congregación.

EL MENSAJE DE ARREPENTIMIENTO ES LA BASE DE LA DOCTRINA ECLESIÁSTICA, UNA VEZ QUE LA PERSONA RECIBE EL PERDÓN DE SUS PECADOS, ESTARÁ LISTO PARA RECIBIR EL BAUTISMO DEL ESPÍRITU SANTO.

Y con otras muchas palabras testificaba y les exhortaba, diciendo: Sed salvos de esta perversa generación. Hechos 2:40. Ya el tiempo de la depresión acabo, Pedro con los once tenían bastante trabajo con el inicio de la Iglesia con sus tres mil convertidos, para bautizarlos y registrarlos*.

- *excavaciones arqueológicas en el lado S del monte del templo han permitido encontrar numerosos [*mikva judíos*], que eran grandes instalaciones similares a bautisterios en los cuales se sumergían para la purificación ritual antes de entrar al templo. Tenían la
- capacidad de bautizar muchas personas en poco tiempo.

¿Cómo se desempeñaba la primera Iglesia en Jerusalén?

- Se <u>bautizaban en las aguas</u> como testimonio ocular de su aceptación al cristianismo
- Se mantenían en <u>la doctrina</u> de los apóstoles.
- Juntos comiendo y participando de <u>la santa cena</u>.
- Juntos <u>orando</u> en el templo y en las casas.
- Perseveraban en <u>la comunión</u> unos con otros.

Tengamos siempre esto presente: La palabra *comunión* en gr. es [*koinonia*] que significa: **compartir**, participación; una sociedad, unidad, una estrecha asociación. *Koinonia* es **una unidad**, producida por el Espíritu Santo. Es lo **que une** firmemente a los creyentes.

Todos los creyentes estaban unidos de corazón y en (alma) espíritu. Consideraban que sus posesiones no eran propias, así que compartían todo lo que tenían. (tenían todas las cosas en común) NTV - Hechos 4:32

II.- VIDA Y MINISTERIO DE PEDRO

El equivalente en griego del nombre Pedro es: piedra. (en arameo *kefa*) Pedro era casado (Mr. 1:30) su esposa lo acompañaba en sus viajes, aún en la época apostólica (1 Co. 9:5). Era hermano de Andrés discípulo de Juan el Bautista (Jn. 1:40). Los evangelios lo consideran oriundo de una ciudad a la orilla del Mar de Galilea (pertenece al grupo de los galileos: donde ejercía con su hermano Andrés, el oficio de pescador (Lucas. 5:10). Era considerado un pescador rudo, hombre de pueblo, sin especial instrucción en la ley Mosaica, eso significaba hombre del pueblo, sin estudio. *Los miembros del Concilio quedaron asombrados cuando vieron el valor de Pedro y de Juan, porque veían que eran hombres comunes sin ninguna preparación especial en las Escrituras. También los identificaron como hombres que habían estado con Jesús.* Hechos 4:13.

SU CARÁCTER ENÉRGICO, LO DIFERENCIA ENTRE LOS DISCÍPULOS. A LA VEZ ERA IMPULSIVO CONDUCIDO POR SUS EMOCIONES, NO OBSTANTE SU INCONSECUENCIA LO LLEVABA A LA VELEIDAD.

Veleidad = inconstancia, capricho, indecisión.

El Espíritu Santo es el que cambia a los hombres forjando en ellos el hombre y la mujer de Dios. Eso le sucedió a Pedro. Hch 4:12

Pedro, Juan, Bernabé junto con los demás discípulos de Cristo, fueron los dirigentes de la Iglesia primitiva de discípulos pasaron a ser apóstoles. Pedro fue como un eslabón de diálogo entre los grupos judeocristianos y el mover del bautismo del Espíritu Santo. Pero su formación le acerco más al "Apostolado de la circuncisión" es decir a los judíos. (Gálatas 2:7-10). Desde el gran alboroto en el día del Pentecostés, los habitantes de Jerusalén cada día se juntaban en el templo, allí mismo bautizaban a la gente y hacían oraciones unánimes.

Adoraban juntos en el templo cada día, se reunían en casas para la Cena del Señor y compartían sus comidas con gran gozo y generosidad. ...(y teniendo favor con todo el pueblo). NTV Hechos 2:46-47

Llegando a la hora de la oración de la tarde (costumbre en el Tabernáculo de Moisés) Pedro usa del poder del NOMBRE DE JESUS y le da palabra al cojo que se levante y que camine. (Hch 3:1-11) eso provoca otra vez que las multitudes se junten para ver el milagro. Pedro vuelve a realizar por el Espíritu de Dios otro sencillo pero gran discurso acentuando el arrepentimiento para la salvación.

Y por la fe en su nombre, a éste, que vosotros veis y conocéis, le ha confirmado su nombre; y la fe que es por él ha dado a éste esta completa sanidad en presencia de todos vosotros. RV-60 Hechos 3: 16

El sanedrín no concibe que sea exaltado EL NOMBRE de Jesús y deciden arrestar a Pedro y a Juan frente a las multitudes.

Sanedrín - Grupo de Ancianos junto con el Sumo Sacerdote, saduceos y fariseos que componían el concilio en Jerusalén. Ellos juzgaban asuntos menores según la ley de Moisés y las costumbres judías del Talmud.

MUCHOS CREYERON Y EL NUMERO DE LOS VARONES ERA DE 5.000. LOS CRISTIANOS IBAN EN AUMENTO Y SOLO ERA EL PRINCIPIO DE LA IGLESIA CRISTIANA.

Al día siguiente Pedro y Juan testifican delante del Sumo Sacerdote y su familia. Pedro testifica de Cristo como la roca de fundamento que ha venido a ser cabeza del ángulo (de la Iglesia) y expone el texto clave para la salvación del hombre pecador:

Y en ningún otro hay salvación; porque no hay <u>otro</u> nombre bajo el cielo, dado a los hombres, en que podamos ser salvos.

<u>**Otro**</u> = En gr. es [*heteros*] que significa: diferente, otra clase. Denota una distinción y una exclusividad, sin otras alternativas, opiniones y opciones **¡Jesús tu eres el único, si no hay *heteros*! ¡no hay otro!**

Quedaron sin palabras diciendo:*¿Qué haremos con estos hombres? Porque de cierto, señal manifiesta ha sido hecha por ellos, notoria a todos los que moran en Jerusalén, y no lo podemos negar.* RV-60 Hechos 4:16

Le ordenaron que no predicaran más bajo en el NOMBRE, Pedro y Juan afirmaron: **"No podemos dejar de decir lo que hemos visto y oído"**

El Espíritu Santo cae nuevamente en donde estaban reunidos y tiembla todo de nuevo. (Hechos 4:31) ...*Y recibieron "**denuedo**"* los discípulos de seguir predicando a Cristo resucitado.

La palabra **denuedo** *es* = osadía, valor. Lo opuesto a timidez o temor. Ese fué el resultado del ser llenos del Espíritu.

II.- OBRAS SOBRENATURALES A TRAVES DE PEDRO

- Pedro curó al cojo que por 40 años pedía limosnas en la "puerta de la Hermosa" del templo en Jerusalén (Hch 3:1-10)
- Fue arrestado y traído a los tribunales, después azotado
- A los pies de Pedro cae muerto Ananías y luego su esposa por mentir al Espíritu Santo. (Hch 5:1-10)
- Su sombra sanaba a los enfermos.. (Hch 5:15)
- Junto con Juan, es enviado a Samaria para ayudar a Felipe en pleno ministerio exitoso (Hch 8:14).
- Confronta a un hechicero, llamado, Simón el Mago por proponer la compra del poder del Espíritu Santo (vs 18-24).
- Comienza un largo período de evangelización entre los samaritanos (v 25). Más tarde, en Lida, sana a Eneas el paralítico (Hch 9:32-35).
- Dios lo Llama a ir a Jope, durante su estadía Dorcas muere. Pedro la resucita de entre los muertos hay gran gozo entre los nuevos creyentes.
- Recibe la visión "que *a ningún hombre llame común o inmundo, lo que Dios santifica*" Su concepto hacia los gentiles cambia. (Hch. 10:9-17, 28).
- La llegada simultáneamente los mensajeros de parte de Cornelio lo llevó a comprender el sentido de la visión y acompaña a los mensajeros a Cesarea, donde el centurión y su familia se convierten al Evangelio
- Por ese tiempo, fue apresado una vez más, pero otra vez fue milagrosamente liberado por un ángel (Hch. 12:1-11).
- En el concilio de Jerusalén, es llamado para resolver el problema presentado por la Iglesia de Antioquía acerca de si los gentiles debían observar los ritos de la ley judía, Pedro, luego de repasar su experiencia con Cornelio (Hch. 15:6-9), concluyó diciendo: *"¿Por qué tentáis a Dios, poniendo sobre la cerviz de los discípulos un yugo que ni nuestros padres ni nosotros hemos podido llevar?"* *(v 10).*
- Durante la persecución y la diáspora escribe cartas a todos los esparcidos animándolos acerca de la esperanza y venida de Cristo, su experiencia personal y el fin del mundo
- Glorificó a Dios con la muerte de un mártir (Jn. 21:18, 19); **de acuerdo con la tradición, fue crucificado cabeza abajo, en Roma, c 67 d.C.**

3
LA PRIMERA PERSECUCIÓN

I.   Los primeros mártires por causa de Cristo
II.   Felipe
III.   Santiago; hermano de Juan
IV.   Los primeros mártires por Cristo
V.   La primera persecución

Objetivo: La vida cristiana no siempre es fácil, a veces llegan momentos difíciles en el cual la fe es probada. Si padecemos con El, también reinaremos con El. La persecución en contra de los Cristianos comenzó dentro del concilio en Jerusalén por los judíos, se añadió Herodes, luego Roma, a través de los diferentes Cesares y así sucesivamente, a través del papado de Roma bajo la institución de la "Santa Inquisición" Cristo fue ejemplo de vituperio e injusticia humana; su vida santa, no lo libró de la persecución e injusticia. Si a El se lo hicieron a vosotros también

Texto clave: *Gozaos y alegraos, porque vuestro galardón es grande en los cielos; porque así persiguieron a los profetas que fueron antes de vosotros.* Mateo 5:12

Reflexión: Hoy en día los cristianos repelen la idea de ser tratados injustamente por causa de su fe.

I.- LOS PRIMEROS MÁRTIRES POR CAUSA DE CRISTO

Las decisiones concernientes al destino de un reo o prisionero; ya fuera convocado para deliberar o emitir un juicio tales como: cárcel, azotes o muerte, estaban en las manos del "Concilio Supremo." En griego se conoce como [*synedrion*] **Sanedrín**. Este era el consejo de los "grandes de Jerusalén" el cual consistían en 71 miembros, tales como: escribas, ancianos, miembros prominentes de la familia sacerdotal y el sumo sacerdote, junto con el presidente de la asamblea. (Durante el dominio romano era importante que fuera confirmado por el procurador romano). Ellos fueron los que decidieron encarcelar a Pedro y a Juan así como azotarlos delante del pueblo. (sin previo juicio decente). Las revueltas del populacho eran incitadas por contenciosos, que alzaban la presión en medio del pueblo hasta llevar a la muerte a los que ellos consideraban despreciables.

Esteban fue el primer mártir envuelto en esta situación.

Esteban, un hombre lleno de la gracia y del poder de Dios, hacía señales y milagros asombrosos entre la gente. 9 Cierto día, unos hombres de la sinagoga de los Esclavos Liberados —así la llamaban— comenzaron a debatir con él. Eran judíos de Cirene, Alejandría, Cilicia y de la provincia de Asia. 10 **Ninguno de ellos podía hacerle frente a la sabiduría y al Espíritu con que hablaba Esteban.** *11 Entonces persuadieron a unos hombres para que dijeran mentiras acerca de Esteban. Ellos declararon: "Nosotros lo oímos blasfemar contra Moisés y hasta contra Dios". 12 Esto provocó a la gente, a los ancianos y a los maestros de ley religiosa. Así que arrestaron a Esteban y lo llevaron ante el* **Concilio Supremo***.* RV-60 Hechos 6:8-12

Este versículo muestra, las diferentes culturas que se movían en Jerusalén. Aunque eran todos de origen judío, se habían criado en lugares como *Cirene, Alejandría, Cilicia y de la provincia de Asia.* En estas revueltas se notaba las diferencias ideológicas que afectaban una y otra vez la paz en esa sociedad.

- **Los de Cirene** eran hombres provenientes de una ciudad del Norte de África. Ejemplo. El hombre que le obligaron los romanos ayudar a llevar la cruz de Cristo era de Cirene.

- **Los de Alejandría** eran también del Norte de África, específicamente de la desembocadura del río Nilo. (Apolo era oriundo de allí)

- **Cilicia y Asia** eran provincia Romanas de Asia menor. (Hoy corresponde a la actual Turquía) Es posible que Saulo hubiera estado **disputando** *en una de esas sinagogas con Esteban ya que era su ciudad natal Tarso, dentro de la región de Cilicia en Asia.

La Palabra *disputar significa: que era un debate formal. Sin duda sus temas eran: La muerte y resurrección de Cristo; evidencias del Mesías, el misterio de Cristo en la Iglesia y el derramar del Espíritu Santo.

Para poder acusar a Esteban y arrestarlo, llamaron a testigos falsos, para testificar en su contra. El **Sanedrín** se prestaba para esto, aunque Roma gobernaba ellos decidían sus propios problemas bajo la "ley Mosaica" Sus espíritus religiosos diferían del poder de Espíritu Santo y la Gracia que es por Cristo. Su discusión era: "El mensaje del CAMINO, contradice la ley de

Moisés es ¡blasfemia! Hay que parar esto si no, nuestra reputación caerá frente al pueblo!"

Fueron excitados a tal grado de furia, que lo echaron fuera de la ciudad, apedreándolo hasta la muerte. (Hch 8:1-3) **Saulo de Tarso consentía mirando de lejos.**

Esteban fue el primer mártir registrado en el libro de los Hechos de los apóstoles. Su muerte fue ocasionada por la ira que le ocasiono la palabra predicada con revelación y poder del Espíritu Santo. El rostro de Esteban brillaba como el de un ángel.

DESPUÉS DE ESTO SE SUSCITÓ UNA GRAN PERSECUCIÓN CONTRA TODOS LOS QUE PROFESABAN LA CREENCIA EN JESÚS Y SU RESURRECCIÓN.

San Lucas el escritor del libro, relata que inmediatamente *en aquel día se hizo una grande persecución en la Iglesia que estaba en Jerusalén, y que* **"todos fueron esparcidos** *por las tierras de Judea y de Samaria, salvo los apóstoles.* (Hch. 8:1). Fuentes históricas han relatado, que alrededor de dos **mil cristianos,** incluyendo Nicanor, uno de los siete diáconos, padecieron el martirio durante la tribulación que sobrevino en tiempo de Esteban.

LA PERSECUCIÓN HIZO QUE LOS CRISTIANOS FUERAN POR TODAS PARTES ESPECIALMENTE A SAMARIA Y JUDEA REALIZANDO CAMPAÑAS MISIONERAS, ANUNCIANDO EL EVANGELIO.

De esta primera persecución, se levanta el evangelista Felipe lleno del Espíritu Santo. Samaria fue testigo de ver, los paralíticos levantarse y los demonios salir del cuerpo de los atormentados.

La ciudad de Samaria pertenecía al reino del Norte de Israel, (ciudad que cayó bajo el poder de los Asirios por su idolatría y rebelión contra Dios, por mas de 200 años.) Los asirios trajeron gentiles para poblar la región. Y esto resultó en una mezcla de gentiles e Israelitas que llegó a conocerse como los samaritanos.

II. FELIPE

Nació en Betsaida de Galilea, y fue llamado primero por el sobre nombre de "discípulo". Trabajó diligentemente en Samaria fundando una congregación que Pedro y Juan supervisaron. Cuando estos visitaron vieron con sus propios ojos la bendición de Dios. Ellos dieron su aprobación de su trabajo, e imponiendo las manos sobre los nuevos creyentes, estos, recibían el Bautismo del Espíritu Santo.

Samaria fue una ciudad comprada por un sacerdote de Baal padre de Jezabel.

No es de extrañar que "Simón el mago" operaba bajo influencia maligna, siendo la atracción por años de todo el pueblo. Esto cambio cuando llego el Evangelio de poder, el cual Felipe predicaba con grandes señales. Aunque Simón el mago, se bautizo engañando así a Felipe; haciéndose pasar por converso, al descender el Espíritu Santo con poder a través de Pedro y Juan, fue descubierto. Simón el mago quiso comprar el "poder de Dios" con dinero, Pedro le dice: *Arrepiéntete, pues, de esta tu maldad, y ruega a Dios, si quizá te sea perdonado el pensamiento de tu corazón; porque en hiel de amargura y en prisión de maldad veo que estás.* (Hch 8:22-23). Muchos fueron los convertidos en Samaria y sus alrededores.

En las fuentes históricas esta escrito, que Felipe sufrió el martirio en Heliópolis, en Frigia. Fue azotado, echado en la cárcel y después crucificado, en el 54 D.C.

Antioquia de Siria – Antioquia era una ciudad que pertenecía a Siria, actualmente pertenece a Turquía y su nombre es Antakya

Hechos 11:19-21. *...Mientras tanto, los creyentes que fueron dispersados durante la persecución que hubo después de la muerte de Esteban, viajaron tan lejos como* **Fenicia, Chipre y Antioquía de Siria.** *Predicaban la palabra de Dios, pero sólo a judíos. Sin embargo, algunos de los creyentes que fueron a Antioquia desde Chipre y Cirene les comenzaron a predicar a los gentiles acerca del Señor Jesús. El poder del Señor estaba con ellos, y un gran número de estos gentiles creyó y se convirtió al Señor.*
La ciudad de Antioquia, se convirtió en un punto de encuentro importante para los nuevos convertidos que huían de la persecución. El mensaje del evangelio regado por los esparcidos seguía tomando mas adeptos, por eso los Apóstoles de Jerusalén decidieron mandar a Bernabé para Antioquia y así seguir adoctrinando la nueva congregación.

III. SANTIAGO; HERMANO DE JUAN

Para congraciarse con los judíos, Herodes Agripa cuando fue designado gobernador de Judea, suscitó una intensa persecución contra los cristianos

Diez años después de la muerte de Esteban tuvo lugar la ejecución de Santiago, (Jacobo) hermano mayor de Juan; el cual era pariente de Jesús; (ya que su madre Salomé era prima hermana de María, la madre de Jesús). *...Y mató a espada a **Jacobo**, hermano de Juan*. Hch 12:2.

IV. LOS PRIMEROS MÁRTIRES POR CRISTO

He aquí un relato, sintetizado de la primera persecución cristiana, recopilado por Fox en su volumen: *Mártires Cristianos del Mundo:*[1]de Fox.

Agripa detestaba a la secta cristiana de los judíos, y muchos de los primeros discípulos fueron martirizados bajo su gobierno, incluyendo a Timón y a Parmenas. Alrededor del 54 d.C.

- **Felipe,** un discípulo de Betsaida, en Galilea, fue martirizado en Heliópolis, en Frigia. Fue azotado, arrojado en prisión, y luego crucificado. Alrededor de seis años después, **Mateo,** el recolector de impuestos de Nazaret, quien escribió uno de los evangelios, estaba predicando en Etiopía cuando fue martirizado con espada.

- **Santiago,** el hermano de Jesús, administraba la Iglesia primitiva en Jerusalén y fue el autor de un texto bíblico que lleva su nombre. A la edad de 94 años fue golpeado y apedreado, y finalmente le sacaron los sesos a golpes con un palo usado para golpear lana.

- **Matías** el apóstol que ocupó el lugar de Judas. fue apedreado en Jerusalén y luego decapitado.

- **Andrés era el hermano de Pedro,** que predicó el evangelio en toda Asia. A su llegada a Edesa, fue arrestado y crucificado en una cruz en forma de aspa, dos puntas de la cual estaban puestas en forma transversa en el suelo (de allí el término: La Cruz de San Andrés). Marcos fue convertido al cristianismo por Pedro, y luego transcribió el relato de Pedro sobre Jesús en su Evangelio.

- **Marcos** fue arrastrado hasta morir por la gente de Alejandría frente a Serapis, su ídolo pagano. Al parecer Pedro fue condenado a muerte y crucificado en Roma. Jerónimo afirma que Pedro fue crucificado al revés, por pedido propio, porque decía que no era digno de ser crucificado de la misma manera que su Señor.

- **Pablo** sufrió en la primera persecución bajo Nerón. La fe de Pablo fue tan dramática frente al martirio, que las autoridades le llevaron a un lugar privado para su ejecución con espada. Alrededor del 72 D.C.

- **Judas**, el hermano de Jacobo, comúnmente llamado Tadeo, fue crucificado en Edesa.

V. LA PRIMERA PERSECUCIÓN

La primera persecución de la Iglesia tuvo lugar en el año 67, bajo Nerón, el sexto emperador de Roma. Este monarca reinó por el espacio de cinco años de una manera tolerable, pero luego dio rienda suelta al mayor desenfreno y a las más atroces barbaridades. Entre otros caprichos diabólicos, ordenó que la ciudad de Roma fuera incendiada, orden que fue cumplida por sus oficiales, guardas y siervos. Mientras la ciudad imperial estaba en llamas, subió a la torre de Mecenas, tocando la lira y cantando el cántico del incendio de Troya, declarando abiertamente que "deseaba la ruina de todas las cosas antes de su muerte". Además del gran edificio del Circo, muchos otros palacios y casas quedaron destruidos; varios miles de personas perecieron en las llamas, o se ahogaron en el humo, o quedaron sepultados bajo las ruinas.

Este terrible incendio duró nueve años. **Cuando Nerón descubrió que, su conducta era intensamente censurada, y que era objeto de un profundo odio, decidió inculpar a los cristianos, a la vez para excusarse y aprovechar la oportunidad así llenar su mirada con nuevas crueldades.** Esta fue la causa de la primera persecución; y las brutalidades cometidas contra los cristianos fueron tales que incluso movieron a los mismos romanos a compasión.

Nerón incluso refinó sus crueldades ingeniándose todo tipo de castigos contra los cristianos que pudiera inventar la más infernal imaginación. En particular, hizo que algunos fueran cosidos en pieles de animales silvestres, tirándolos a los perros hasta que expiraran; a otros los vistió de camisas atiesadas con cera, atándolos a postes, y los encendió en sus jardines, para iluminarlos. Esta persecución fue general por todo el Imperio Romano; pero más bien aumentó que disminuyó el espíritu del cristianismo.

Fue durante esta persecución que fueron martirizados el Apóstol Pablo y el Apóstol Pedro.

4
CONVERSIÓN DE SAULO DE TARSO

I. Vida de Saulo de Tarso
II. Conversión al cristianismo
III. Las penurias del apóstol Pablo por causa del evangelio

Objetivo: Entender claramente que Dios, llama a su servicio a quien escoge y el se complace en avergonzar a los sabio levantando al vil y menospreciado. Sus siervos nunca fueron aprobados por la sociedad existente, así dice: *Porque agrado a Dios salvar a los creyentes por medio de la locura de la predicación.* Así que los discípulos predicaron a Cristo crucificado, para los judíos fue ciertamente una piedra de tropiezo, y para los romanos, griegos etc. ese mensaje era una locura (1 Crt 1:18,23)

Texto clave: *Porque lo insensato de Dios es más sabio que los hombres, y lo débil de Dios es más fuerte que los hombres. Pues mirad, hermanos, vuestra vocación, que no sois muchos sabios según la carne, ni muchos poderosos, ni muchos nobles; sino que lo necio del mundo escogió Dios, para avergonzar a los sabios; y lo débil del mundo escogió Dios, para avergonzar a lo fuerte; ... a fin de que nadie se jacte en su presencia.* 1 Crt 1:25-29.

Introducción: Lucas, de oficio doctor, fue una persona muy detallista al relatar los acontecimientos con gran cautela, veracidad y detalle. El especifica en la escena del martirio de Esteban; que los testigos falsos, pusieron la ropa del difunto, a los pies de un joven llamado Saulo. Esa frase revela que el joven Saulo, ocultamente aprobaba ese acto injusto y cruel. (Hch. 8:1) Estaba ocultamente entre la multitud, callado pero de acuerdo con lo que se estaba haciendo. Tramando el castigo, si fuera necesario con la muerte, a los seguidores de Cristo; que para ese entonces se consideraban una amenaza, tanto para los judíos como para el Imperio Romano.

I. VIDA DE SAULO DE TARSO

Saulo nació en una ciudad romana importante llamada Tarso, en la región de Cilicia, localizada en Asia Menor, (actualmente es Turquía). Era hijo de judíos fariseos de cultura helenística y con ciudadanía romana.

EL NOMBRE SAULO, EN LA DESCRIPCIÓN EN HEBREO; VIENE DEL SINÓNIMO SAÚL, COMO EL REY SAÚL, MIENTRAS QUE PABLO ES EN EL IDIOMA GRIEGO.

Saulo estudió en Jerusalén bajo la tutela del maestro Gamaliel. **Tenía una sólida formación teológica, filosófica, jurídica, mercantil y lingüística (hablaba griego, latín, hebreo y arameo).**
Como Fariseo de fariseos es decir de estirpe generacional, no aceptaba a los revoltosos llamados "*seguidores del Camino"; por el contrario se involucro a perseguir y a tomar presos a los cristianos, creyendo el demostrar así, su celo por la ley Mosaica. Llevado entonces por sus creencias fuertes fariseicas se activó, para colaborar en las primeras persecuciones contra los cristianos, arrestándolos y llevándolos presos. **De esta persecución inicial, casi 2.000 cristianos sufrieron martirio.**

*Mientras tanto, Saulo pronunciaba amenazas en cada palabra y estaba ansioso por matar a los seguidores [en Gr. discípulos] del Señor. Así que acudió al Sumo Sacerdote. Le pidió cartas dirigidas a las sinagogas de Damasco para solicitarles su cooperación en el arresto de **los seguidores del Camino*** que se encontraran ahí. Su intención era llevarlos —a hombres y mujeres por igual— de regreso a Jerusalén encadenados. NTV Hechos 9:1-2.*

* ANTES QUE LOS FIELES SEGUIDORES DE CRISTO FUERAN LLAMADOS POR PRIMERA VEZ EN ANTIOQUIA "CRISTIANOS", SE CONOCÍAN COMO LOS QUE SEGUÍAN "EL CAMINO". ESE APODO LOS DISTINGUÍA DE LOS DEMÁS POR LAS PALABRAS QUE JESÚS MISMO DIJO: YO SOY EL CAMINO.

Las intenciones de Saulo era llevarse a los supuestos seguidores encadenados para ser juzgados en Jerusalén, sin saber su objetivo era destruir a la Iglesia. El mismo lo relata en su carta a los Gálatas (escrita entre los años 55-56 D.C.) *...Ustedes saben cómo me comportaba cuando pertenecía a la religión judía y cómo perseguí con violencia a la iglesia de Dios. **Hice todo lo posible por destruirla.** Yo superaba ampliamente a mis compatriotas judíos en mi celo por las tradiciones de mis antepasados.* NTV Gálatas 1:13-14.

Como hombre culto y religioso, su orgullo consistía **en su esfuerzo y capacidad personal.** El hecho de tener estudios en Jerusalén con el mayor maestro y venir de línea sanguínea farisaica, eso le proporcionaba una seguridad elevada dentro del ámbito destacado de los judíos.

...aunque, si alguien pudiera confiar en sus propios esfuerzos, ése sería yo. De hecho, si otros tienen razones para confiar en sus propios esfuerzos, ¡yo las tengo aún más! Fui circuncidado cuando tenía ocho días de vida. Soy un ciudadano de Israel de pura cepa y miembro de la tribu de Benjamín, ¡un verdadero hebreo como no ha habido otro! Fui miembro de los fariseos, quienes exigen la obediencia más estricta a la ley judía. Era tan fanático que perseguía con **crueldad a la iglesia,** *y en cuanto a la justicia, obedecía* **la ley** *al pie de la letra. Antes creía que esas cosas eran valiosas...* NTV Filipenses 3:4-7

II. CONVERSIÓN AL CRISTIANISMO

En lenguaje común podríamos decir: "solo Dios lo podía bajar del caballo".
Y así fue; ese viaje a Damasco le cambio la vida por completo. **Su forma de creer, de ver las cosas y lo más glorioso fue, que de fariseo paso a ser un cristiano, un gran apóstol y servidor de Jesucristo.**

El encuentro directo con "Jesús a quien perseguía" – le dio un giro total a su destino. Su ceguera por tres días fue necesaria para que Dios le restableciera la visión espiritual correcta. El creía perseguir una secta, pero estaba persiguiendo al cuerpo de Cristo. **Desde ese momento, Pablo se convirtió en el más ardiente propagador del evangelio contribuyendo a extenderlo por toda la región habitable.**

En seguida después de su bautismo, cuando las escamas de los ojos se le cayeron, comenzó inmediatamente a testificar de su experiencia personal. Muchos dudaron de su conversión tan repentina, pero al ver y comprobar su fiel testimonio junto a sus padecimientos, glorificaban a Dios por su vida.

El testimonio de su conversión a través de su personal encuentro con Jesucristo y la aparición de la luz poderosa del cielo, se encuentra en tres partes relatadas en los Hechos.

- **Hechos 9:1-19**
- **Hechos 22:6-16**
- **Hechos 26:12-18**
-

11 Amados hermanos, quiero que entiendan que el mensaje del evangelio que predico no se basa en un simple razonamiento humano. 12 No recibí mi mensaje de ninguna fuente humana ni nadie me lo enseñó. En cambio, lo recibí por revelación directa de Jesucristo. ...15 Pero aun antes de que yo naciera, Dios me eligió y me llamó por su gracia maravillosa. Luego le agradó 16 revelarme a su Hijo para que yo proclamara a los gentiles la Buena Noticia acerca de Jesús. Gálatas 1:11-12, 15-16

PABLO AFIRMABA QUE CRISTO MISMO LE HABÍA DADO EL LLAMAMIENTO Y TESTIFICABA COMO EL ESPÍRITU SANTO LO GUÍO A RETIRARSE POR TRES AÑOS A LA REGIÓN DESÉRTICA DE ARABIA PARA RECIBIR INSTRUCCIONES DIRECTAS DEL SEÑOR.

*Cuando esto sucedió, no me apresuré a consultar con ningún ser humano. Tampoco subí a Jerusalén para pedir consejo de los que eran apóstoles antes que yo. En cambio, me fui a la región de Arabia y después regresé a la ciudad de Damasco. Luego, tres años más tarde, fui a Jerusalén para conocer a Pedro y **me quedé quince días con él**. El único otro apóstol que conocí en esos días fue **Santiago**, el hermano del Señor. Declaro delante de Dios que no es mentira lo que les escribo. Después de esa visita, me dirigí **al norte, a las provincias de Siria y Cilicia**. Y aun así, las congregaciones cristianas de Judea todavía no me conocían personalmente. Todo lo que sabían de mí era lo que la gente decía: «¡El que antes nos perseguía ahora predica la misma fe que trataba de destruir!». Y alababan a Dios por causa de mí. Gálatas 16-24*

... Todos los que lo oían quedaban asombrados. ¿No es éste el mismo hombre que causó tantos estragos entre los seguidores de Jesús en Jerusalén? —se preguntaban—. ¿Y no llegó aquí para arrestarlos y llevarlos encadenados ante los sacerdotes principales? NTV Hch 9:21

Su cambio fue tan radical, que a todo el mundo, judío o no judío, quería convencer para que dejaran su vida pecaminosa y se volvieran a Cristo vivo.

Amados hermanos, tomen mi vida como modelo y aprendan de los que siguen nuestro ejemplo. Pues ya les dije varias veces y ahora se los repito de nuevo con lágrimas en los ojos: hay muchos cuya conducta demuestra que son verdaderos enemigos de la cruz de Cristo. Van camino a la destrucción. Su dios son sus propios apetitos, se jactan de cosas vergonzosas y sólo piensan en esta vida terrenal. En cambio, nosotros somos ciudadanos del cielo, donde vive el Señor Jesucristo; y esperamos con mucho anhelo que él regrese como nuestro Salvador. Él tomará nuestro débil cuerpo mortal y lo transformará en un cuerpo glorioso, igual al de Él. Lo hará valiéndose del mismo poder con el que pondrá todas las cosas bajo su dominio. Filipenses 3: 17-21

El Señor le dijo: Ve, porque instrumento escogido me es éste, para llevar mi nombre en presencia de los gentiles, y de reyes, y de los hijos de Israel; porque yo le mostraré cuánto le es necesario padecer por mi nombre. Hch. 9:15-16

ESTE FUE EL LLAMADO DE DIOS A PABLO; LLEVAR EL PODER DEL NOMBRE DE CRISTO A LOS GENTILES Y SUFRIR POR CAUSA DE EL.

Desde su conversión en Damasco, Pablo comenzó a recibir el ataque de persecución contra su vida. Los mismos judíos, en Damasco fueron los primeros que se resolvieron en consejo para matarlo. El Rey de Damasco colaboro también en este asunto, dando la orden de poner guardas en las puertas de la ciudad, vigilando la entrada y la salida, para apresarlo. Los discípulos preocupados por su vida, tomándolo de noche, le bajaron por el muro, descolgándole en una canasta. Con la ayuda de los nuevos hermanos Saulo recién convertido, pudo regresar salvo y sano a Jerusalén.

III. LAS PENURIAS DEL APÓSTOL PABLO POR CAUSA DEL EVANGELIO

- Cuando llego a Jerusalén, trata de juntarse con los discípulos del Señor; pero todos **le rechazaron** porque le tenían miedo.
- Se fue a disputar con los griegos de Jerusalén; pero ellos procuraron matarlo. Hch 9:29
- Unos judíos de Antioquía y de Iconio, persuadieron a la multitud, para **golpear** a Pablo e influenciando la multitud lo apedrearon luego, le arrastraron fuera de la ciudad, pensando que estaba muerto. Hch 14:19
- A veces **no tuvo suficiente** para vivir. 1 Corintios 11:9
- La gente que se jactaba que su llamado, **dudando** de su apostolado. Pablo los nombra como falsos apóstoles. 1 Ct. 11:12.
- Pablo mismo testifica: *He trabajado con mucho más esfuerzo que nadie. v.23*
- *Estuve **encarcelado** más que otros.*
- *Innumerable veces **fui azotado**.*
- **Enfrente a la muerte** en repetidas ocasiones.
- En 5 veces diferentes recibí de los líderes judíos 39 **latigazos**.
- Una vez fui apedreado.

- 3 veces sufrí naufragios.
- Una vez día y noche lo pase **a la deriva** solo en el mar.
- Anduve en muchos **viajes largos**.
- En **peligros** de ríos
- Peligros de ladrones.
- Peligros de los líderes judíos y gentiles
- Peligros en las ciudades con tumultos de gente
- Peligros en desiertos
- Peligros al confrontar a llamados cristiano que no lo eran (mas bien eran, lobos disfrazados de ovejas)
- Sufrí muchas noches sin dormir
- **Pase hambre y sed**
- Padecí frío en las noches y en **las cárceles**, sin tener ropa suficiente, para mantenerme abrigado.
- Lleve la carga y la preocupación por las Iglesias.
- Me sobrevinieron **dolores de parto** hasta formar a Cristo en los nuevos
- Sentí **debilidad** juntamente con los débiles
- Sufría por los **escándalos** de los falsos cristianos
- **Un emisario de Satanás venia y lo abofeteaba.**
- Sus ojos a veces se le oscurecían, no podía escribir el mismo las cartas desde la prisión.
- El rey Aretas puso guardias en las puertas para atraparlo y **matarlo** por causa de los judíos en Damasco.
- **Lo descolgaron en un canasto** por el muro de la ciudad.
- En Efeso **batallo con fieras.** 1 Crt. 15:32
- **Dejo todo su conocimiento propio** por basura con tal de recibir a Cristo.
- Algunos apóstoles **no creían** en su apostolado.
- Se consideraba muerto juntamente con Cristo no viviendo él, para si mismo sino Cristo vivía en él.

Por lo cual, por amor a Cristo me gozo en las debilidades, en afrentas en necesidades, en persecución, en angustia; porque cuando soy débil, entonces soy fuerte. 1 Corintios 12:10

5
PRIMER VIAJE MISIONERO

    I.   Los primeros en ser enviados
    II.   Predicando en Asia Menor por 1ra. vez
    III.   2do. Discurso de Pablo en contra de la idolatría
    IV.   Pablo y Bernabé confirman nuevas Iglesias

Objetivo: Ver los resultados asombrosos cuando compartimos la Palabra de Dios con otros. A la vez que se evangeliza, mas crece la pasión por hacerlo. El Espíritu Santo es el primer interesado, así le paso a Pablo

Texto clave:...*dijo el Espíritu Santo: Apartadme a Bernabé y a Saulo para la obra a que los he llamado".* Hechos 13:1-2

I. LOS PRIMEROS EN SER ENVIADOS

La Iglesia en Antioquia se convirtió en la congregación mas importante, en Jerusalén solo quedaban algunos apóstoles del Señor. Reunidos los apóstoles ayunando y buscando a Dios el Espíritu Santo hablo. La profecía las visiones y las apariciones del Señor a través del ángel, eran manifestaciones palpables e importantes para el desarrollo de la Iglesia primitiva. Pablo y Bernabé deberían ser confirmados por los apóstoles del Señor para la misión de la obra de evangelización. *"Había entonces en la iglesia que estaba en Antioquía, profetas y maestros: Bernabé, Simón el que se llamaba Niger, Lucio de Cirene, Manaén el que se había criado junto con Herodes el tetrarca, y Saulo.*

² Ministrando éstos al Señor, y ayunando, dijo el Espíritu Santo: Apartadme a Bernabé y a Saulo para la obra a que los he llamado". Hechos 13:1-2

...LES IMPUSIERON LAS MANOS Y FUERON ENVIADOS.

El orden Bíblico y escritural nos deja un ejemplo para la Iglesia actual. El enviado debe ir bajo la unción del Espíritu de Dios y la confirmación visible del prebisterio de la Iglesia local. El desorden tarde o temprano termina dañando la congregación y a veces se producen escándalos donde los pequeñitos en la fe, son los afectados.

EMPIEZA LA EVANGELIZACIÓN.

*... Después de predicar la Buena Noticia en Derbe y de hacer **muchos discípulos,** Pablo y Bernabé regresaron a Listra, Iconio y Antioquía de Pisidia:*

- donde fortalecieron a los creyentes.
- Los animaron a continuar en la fe, y
- les recordaron que debían de sufrir de muchas privaciones para entrar en el reino de Dios.

La visión no era simplemente convencer a la gente de que Cristo había resucitado, era necesario hacer Discípulos, engendrar el Señorío de Cristo en los corazones. Lograr tener gente comprometida, a pesar de las creencias religiosas de la influencia de los helenistas, (griegas) ideologías judaicas, agnósticas o filosóficas. El discípulo estaría dispuesto a morir por Cristo si fuera necesario.

Hechos 13:4-5...descendieron a Seleucia, y de allí navegaron a Chipre. Y llegados a Salamina, anunciaban la palabra de Dios en las sinagogas de los judíos. Este pequeño grupo se dirigió de **Antioquia** a **Seleucia**, (que era una ciudad costera que quedaba a 24 kilómetros del puerto del mar de Antioquia), y de ahí a **Chipre** en donde empezaron a predicar en las sinagogas. Los evangelistas pudieron haber elegido esta ruta por la proximidad al continente y porque era la tierra natal de Bernabé y Marcos (su sobrino) y serían más fácilmente aceptados por sus familiares y amigos judios. Después pasaron a **Salamina,** que era la capital griega de la isla, y quedaba sobre la costa oriental, y no a muchas horas de **Seleucia.**

En este puerto comercial estaban establecidos muchos judíos, lo que explica porque aquí había muchas sinagogas en donde Pablo y Bernabé predicaban. En este trayecto pasó algo interesante: **Pablo se enfrenta con un mago: "**

...y habiendo atravesado toda la isla hasta Pafos, hallaron a cierto mago, falso profeta, judío, llamado Barjesús, que estaba con el procónsul Sergio Paulo, varón prudente" Hch 13:6

Procónsul – Oficial romano que servia como gobernador de cierta provincia; es decir una persona con un cargo muy importante en esa época, pues este título solo se le daba a los gobernadores de provincias establecidas subordinados bajo el Senado romano.

Sergio Paulo, estaba solicito y deseoso de escuchar la Palabra de Dios y el mensaje que Pablo y Bernabé traían; por eso pidió que vinieran a hablarle, pero quien lo acompañaba "Elimas el encantador" **se oponía,** (porque temía ser despedido). Entonces Pablo, lleno del Espíritu Santo le reprendió *"poniéndole en el los ojos, dijo: lleno de todo engaño y de toda maldad, hijo del diablo, enemigo de toda justicia"...* Estas palabras fueron dichas porque Pablo estaba lleno del Espíritu Santo. Y dictamino contra el lo siguiente: *"La mano del Señor es contra ti, y serás ciego por un tiempo"* NTV Hechos 13:10-11. Este juicio fue temporal, esperando que el viniera al arrepentimiento.

II. PREDICANDO EN ASIA MENOR POR PRIMERA VEZ

Primer Discurso de Pablo (Hechos 13:16-41)

Aquí llegaron a **Perge** en **Panfilia** y es en este punto en donde Marcos abandono el viaje, para regresar a Jerusalén. Los motivos que lo llevaron a tomar esta decisión son desconocidos. Para el joven Marcos era una experiencia muy agitadora, aunque su tío Bernabé quería forjar en el la unción misionera, la vida agitada de Pablo era extenuante para el joven inexperto. Luego pasaron a **Pisidia**, capital de la provincia Romana de **Galacia,** en donde los invitaron a hablar en la sinagoga y <u>Pablo da su primer gran discurso</u>. En este mensaje se refirió acerca del trato de Dios con Israel, sus promesas, y lo que hablaron los profetas hasta llegar a la gloriosa revelación de la vida de Jesucristo:

Y habiendo cumplido todas las cosas que de él estaban escritas, quitándolo del madero, lo pusieron en el sepulcro. Más Dios le levantó de los muertos... Y nosotros también os anunciamos el evangelio de aquella promesa hecha a nuestros padres".

Continua la persecución

Después de Pablo haber pronunciado ese discurso, los judíos religiosos se levantaron contra el para callarlo, pero **también logro con este mensaje que muchos gentiles fueran convencidos por el poder de la Palabra.** Esto trajo como consecuencia, ser expulsados de las sinagogas. Tambien que su discurso se dirigiera a los gentiles, y el evangelio se expandiera en toda esa zona; aunque poco después las autoridades de Antioquia los expulsaran de **Pisidia**.

III. SEGUNDO DISCURSO DE PABLO EN CONTRA DE LA IDOLATRÍA

El poder de Dios se manifiesta a traves de Pablo con sanidades
(Hechos 14:15-18)

Después de salir de este lugar llegaron a **Iconio**, en donde hubo varias conversiones de judíos y gentiles.
Pasaron a **Listra** y Pablo realizo un milagro de sanidad con un hombre que no podía caminar desde su nacimiento. Quienes los seguían, creían que estos milagros eran por los dioses Júpiter y Mercurio y les querían ofrecer sacrificios. Los misioneros se opusieron a esta costumbre y Pablo pronuncio un discurso en contra de la idolatría.

<u>Júpiter</u> - dios griego llamado Zeus, adoptado por los romanos como Júpiter, se considboraba, soberano de las alturas, conocido por el que amontona las nubes y lanza rayos (Satanás)

Mercurio – **Llamado también Hermes, según los griegos, era el hijo de Zeus. Se caracterizaba como el dios mensajero, el que anuncia las noticias, el protector de los caminos y guía de los viajeros.**

V. PERSECUCIONES Y PADECIMIENTOS

El periodo evangelistico en **Antioquia** paso por varias situaciones que Pablo le relata a Timoteo en su epístola:

"... persecuciones, padecimientos, los que me sobrevinieron en Antioquia, en Iconio, en Listra, persecuciones que he sufrido, y de todas ellas me ha librado el Señor" 2 Timoteo 3:11

Tanto en Antioquia como en Iconio, varios judíos apedrearon a Pablo y lo expulsaron de las ciudades. Eran tantos los golpes que muchas veces pensaban que el Apostol ya estaba muerto.

Al día siguiente, él se levanto y junto a Bernabé se dirigieron para la siguiente ciudad para seguir con su trabajo ministerial.

V. PABLO Y BERNABE CONFIRMAN NUEVAS IGLESIAS

Pasaron a **Cilicia** por las Montañas y confirmaron nuevas Iglesias y afirmaban en la fe a los nuevos discípulos en **Listra, Iconio, Antioquia de Psidia, Perge.** Cuando llegaron a la iglesia de Antioquia contaron a los

hermanos el éxito de las campañas evangelisticas en estos lugares, y como Dios los había usado para propagar el evangelio a los gentiles. Las Iglesias implantadas en las principales ciudades, se logró al fácil acceso que había entre cada una de ellas ya que el imperio romano, empezaba a construir carreteras uniendo las diferentes guarniciones militares. Gracias a que la lengua griega estaba esparcida en todas partes, la proclamación del evangelio, abrió camino.

Pablo y Bernabé también nombraron ancianos en cada iglesia. Con oración y ayuno, *...encomendaron a los ancianos al cuidado del Señor, en quien habían puesto su confianza.* Hch 14:21-23

6
SEGUNDO VIAJE MISIONERO

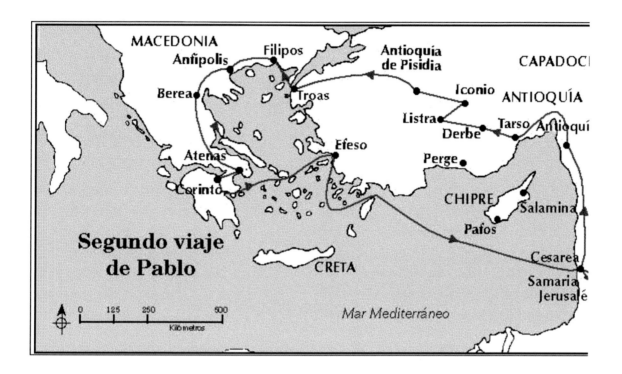

Objetivo: analizar el inicio de las Iglesias y el crecimiento a través de los constantes viajes del apóstol presentando su vivo testimonio del encuentro con Cristo.

Texto clave: *Después de un tiempo Pablo le dijo a Bernabé: «Volvamos a visitar cada una de las ciudades donde ya antes predicamos la palabra del Señor para ver cómo andan los nuevos creyentes.* NTV Hechos 15:36

I. EL DOGMA DE LA CIRCUNCISIÓN

En este mismo capítulo Lucas relata la controversia que algunos judíos persistían; especialmente contra los gentiles no circuncidados, ellos sostenían que era necesario obedecer la ley de Moisés. Afirmaban que aquellos que no cumplieran las normas de *La Tora*, no eran dignos de: entrar a las sinagogas; y ni siquiera tener salvación. Cuando los gentiles (paganos) se convertían al Cristianismo-judío, estos les exigían los rituales judaico.

LA CIRCUNCISIÓN ERA LA SEÑAL EN SU CUERPO DEL PACTO QUE HIZO JEHOVÁ CON ABRAHAM Y PASO A TODOS LOS ISRAELITAS A TRAVÉS DE LA LEY DADA A MOISÉS EN EL SINAÍ.

Pablo se confrontó con este problema en Antioquía y viajó para exponerlo y definir esta cuestión con los Apóstoles del Señor que residían en Jerusalén. **Ellos decidieron no incluir ese rito a los gentiles.**
Los que afirmaban que los gentiles tenían que cumplir con la ley de Moisés eran los judaizantes.

Judaizante = Nombre para distinguir a cristianos judíos que intentaban imponer a sus contrapartes gentiles la observancia de la ley como medio de salvación. * Diccionario Bíblico Ilustrado Holman

La doctrina que decidieron los Apóstoles en Jerusalén aplicarla como norma importante para la salud física y espiritual de los nuevos creyentes, fue establecida y permanece hasta el día de hoy.

*...Y mi opinión entonces es que **no debemos ponerles obstáculos** a los gentiles que se convierten a Dios. Al contrario, deberíamos escribirles y decirles que:*

1. **Se abstengan de comer alimentos ofrecidos a ídolos,**
2. **De inmoralidad sexual,**
3. **De comer carne de animales estrangulados**
4. **De consumir sangre.** Hch 15:19 -20.

II. SEGUNDO VIAJE MISIONERO DE PABLO EL APÓSTOL

En **Hechos 15:36**, comienza el relato del segundo viaje misionero del Apóstol Pablo, este **viaje** no lo acompañó Bernabé, sino que por una discusión acerca de su sobrino de sobrenombre Marcos deciden separarse. Bernabé tomando a su sobrino navega hacia **Chipre**, mientras que Pablo inicia su segunda gira escogiendo para este viaje de compañero a Silas. Llegando a la ciudad de **Derbe** invita al joven Timoteo para que se incorpore con ellos.

MARCOS – Su tío Bernabé creía que llevándolo con él, aprendería a servir a Dios (alguien tienen que creer en nosotros) **Bernabé representa aquellos**

que nos levantan las manos y nos empujan al servicio. Este se aparta de Pablo por causa de su sobrino y empieza su propia gira. Las actividades de Pablo eran demasiado fuertes para el joven aprendiz. Pablo siempre acababa en alborotos, tumultos, pedradas y cárceles.

SILAS – era un hombre que poseía todos los atributos para ser el acompañante perfecto para el apóstol, puesto que era un profeta y podría proclamar y predicar la palabra de Dios a la misma vez, con autoridad y conocimiento divino. Algo mas tenia a su favor y era el ser ciudadano romano como Pablo. Esto le hacia recibir los mismo beneficios consulares. Su prestigio como líder respetado en la congregación de Jerusalén contribuyo a consolidar las enseñanzas de Pablo acerca de la Salvación por gracia y solo a través de la fe en Cristo. * Comentarios Biblia MC Arthur.

TIMOTEO – Timoteo era un joven *judío* por parte de madre y *griego* por parte de padre. Fue instruido en las Escrituras del A.T. por su madre Eunice y su abuela Loida. En una ocasión que el apóstol Pablo los visito toda la familia fueron convertidos. Como joven cristiano, Timoteo se había ganado una excelente reputación entre los creyentes de **Listra,** y ciudades cercanas como **Iconio.** Eso ayudo al apóstol a ver en él, un prometedor obrero para el evangelio por tal razón el apóstol decide vincularlo consigo como aprendiz en la obra misionera. Por causa de los judíos que habían en las sinagogas que visitarían, Pablo decide circuncidar a Timoteo para facilitar la acogida del mismo por parte de los judíos y a la vez el ingreso a las sinagogas que visitarían en sus viaje misioneros. (Nadie que no era circuncidado podía entrar en ellas).

El joven Timoteo acompañó a Pablo en su 2do. Viaje misionero.
- También al penetrar en "Frigia y la provincia de Galacia" (v 6)
- fue a **Troas** (vs. 8, 9)
- y al llevar el evangelio a las grandes ciudades de **Macedonia: Filipos, Tesalónica y Berea** (Cps .16:9-17:14).
- Al verse Pablo inesperadamente forzado a huir de **Berea** hacia **Atenas,** Pablo tiene que abandonar a sus fieles servidores tanto a Timoteo como a Silas, allí . (17:14).
- en cuanto llegó a esta última ciudad les pidió que se unieran a él (vs. 15, 16).
- El apóstol inmediatamente envió a Timoteo a Tesalónica para fortalecer a los nuevos conversos de esa ciudad (1 Ts. 3:1, 2), por lo que Silas y Timoteo no se volvieron a encontrar con él hasta más tarde en Corinto (Hch 18:5; 1 Ts. 1:1; 3:6; 2 Ts. 1:1). Es muy posible

que Timoteo permaneciera en Grecia cuando Pablo regresó a Jerusalén al año siguiente

Luego fueron de ciudad en ciudad enseñando a los creyentes a que siguieran las decisiones tomadas por los apóstoles y los ancianos de Jerusalén. Así que las iglesias se fortalecían en su fe y el número de creyentes crecía cada día.
Hechos 16:4-5

Pasando por Frigia y la provincia de Galacia les fue prohibido por el Espíritu Santo hablar la Palabra de Dios en Asia.

III. OBRAS SORPRENDENTES DEL ESPÍRITU DE DIOS

El derramar del Espíritu Santo sobre los nuevos creyentes, no solo era en manifestación de lenguas sino de visiones, ángeles y muchas señales y maravillas.

Pablo cuando recibió el bautismo por la impartición de manos, fue lleno del Espíritu Santo, también recibió el don para oír y ser sensible a la guianza del Espíritu Santo. Fue guiado a través de visiones, también ángeles le revelaron la voluntad de Dios para su vida. En otras ocasiones fue trasladado al cielo por tres veces, viendo y oyendo cosas que no se pueden traducir a hombre alguno. **Esa es la obra de El en los creyentes, guiarlos a toda verdad, repartir dones, y hacer milagros. Debemos de tomar esta virtud impartida hoy.**

MUCHAS VECES EL ESPÍRITU SANTO NOS REVELA ESTAR QUIETOS O NO MOVERNOS A CIERTO LUGAR. SOLO TENEMOS QUE CONOCER COMO EL ACTÚA Y SEGUIRLO. ESO SE LLAMA ESTAR APERCIBIDO POR EL.

Cuando llegaron a la región de **Misia**, intentaron predicar en **Bitinia** y también el Espíritu Santo se lo impidió. **Los que se dejan guiar por el Espíritu Santo, saben que es sensible y el hombre no lo dirige a el, sino que el siervo es guiado por el. La Iglesia debe volver a aprender a oír la voz del espíritu y dejarlo actuar.**

Continuación del viaje

Después Pablo y Silas viajando al oeste, llegaron a **Troas** (Hch 16:6-8). Es probable que Pablo estableciera una iglesia en esta ciudad porque allí se unió a él Lucas el médico amado. Es aquí donde Pablo recibe una "vision" de un varón macedonio que pedía ayuda. **La respuesta de Pablo a este llamado, marcó el inicio del ministerio cristiano en toda Europa.**

Esa noche Pablo tuvo una visión: Puesto de pie, un hombre de Macedonia —al norte de Grecia— le rogaba: «¡Ven aquí a Macedonia y ayúdanos!». **10** *Entonces decidimos salir de inmediato hacia Macedonia, después de haber llegado a la conclusión de que Dios nos llamaba a predicar la Buena Noticia allí.*

MACEDONIA = La región estaba ubicada a lo largo del Mar Egeo, en el territorio de Grecia. Las ciudades de Tesalónica y Filipos estaban allí. Llegar a ese lugar significaba llevar el evangelio a Europa.

SI APRENDEMOS A DEPENDER DEL ESPÍRITU SANTO Y DEJARNOS GUIAR POR EL, LAS COSAS SERÁN MAS EFECTIVAS Y CON MAS RESULTADOS

Que importante dejarse guiar por el ES; fue enviado por el padre para guiarnos a toda verdad. El hombre esta acostumbrado a controlarlo todo y tomar él mismo sus propias decisiones; (sin contar con Dios) Nadie puede tener un consejero si primero no ha entablado una confianza o una profunda amistad con Dios. Así es con el Espíritu Santo. Hay que conocerlo. Hoy debemos hablar mas con el Espíritu Santo para que se manifieste en nosotros y así aprender a oír su voz.

IV. EL ESPÍRITU SANTO Y LA ACTIVIDAD CELESTIAL

El derramar del **Espíritu Santo trajo consigo: señales, visiones y la manifestación de los ángeles.**

- **Señales -** En el ministerio de Jesús se manifestaron las señales. Esta escrito en Juan 20:30 que Jesús *...hizo muchas señales en presencia de sus discípulos.* Pedro lo nombra en su discurso en Hechos 2:2 *...Jesús Nazareno aprobado por Dios entre vosotros con maravillas, **prodigios y señales** que Dios hizo entre vosotros por medio de El.* Esta manifestación comenzó a verse entre los apóstoles Hechos 2:43. En Jerusalén especialmente en la puerta del templo (Hch 5:12) dice: *que por la mano de los apóstoles se hacían muchas señales y prodigios.* Esteban fue usado grandemente por Dios para hacer estas señales (6:8) Felipe el evangelista (8:6) Bernabé y Pablo contaban las señales (15:12) *...con potencia de señales y prodigios, en* *el poder del Espíritu de Dios; de manera que desde Jerusalén, y por los alrededores hasta Ilírico, todo lo he llenado del evangelio de Cristo.* Romanos 15:19. La palabra **Señal** en griego significa [*semeion*] signo, milagro, maravilla, marca, señal. Una señal, prodigio, portento, es decir, un acontecimiento inusual, que trasciende el curso normal de la naturaleza.

LOS MILAGROS Y LAS MARAVILLAS DE DIOS LEGALIZAN QUE ESE HOMBRE ES ENVIADO POR ÉL. HOY NECESITAMOS CLAMAR POR ESTAS MANIFESTACIONES ASOMBROSAS PARA QUE LOS INCONVERSOS CREAN EN EL ÚNICO DIOS VERDADERO.

- Visiones - La visión es una manifestación en la cual Dios permite que los ojos espirituales vean cosas y situaciones. Cuando se mueven los ángeles juntamente con el Espíritu Santo, es muy probable que también se active las visiones. (hay una diferencia entre *sentir y ver*) Lo que uno ve afecta directamente a su Espíritu y al inconsciente de su mente. Dios usa eso para traer una huella profunda de su Espíritu al interior de sus apóstoles. A veces el mismo Señor se revelaba en visión dándoles instrucciones a ellos.

a) Pedro tiene dos visiones que marcaran su ministerio. Hch. 10:3-17
b) Ananias recibe en visión las instrucciones directas de parte del Señor de donde tiene que ir, que profetizar y ponerle las manos.
c) Pablo ve en visón un "varón" que lo llama a ir a Europa y ayudar a través de las Buenas nuevas. Hch. 16:9, Indiscutiblemente que era el llamado de Dios estimulando a su siervo a ir mas allá.
d) En Hch 18:9 Dios le confirma a través de una visión que se quede en Corintio y siga predicando la palabra de Dios.

- Manifestación de lo ángeles – En cada movimiento de Dios se mueve un ángel especifico. En la Iglesia primitiva los apóstoles fueron avisados y confortados por ángeles. Es una manifestación que se mueve juntamente con el Espíritu Santo. Pablo varias veces tuvo que confrontarse con la doctrina que sostenían los SADUCEOS acerca de la inexistencia de los ángeles. Hch. 23:8

a) un ángel guía a Felipe por el camino que debe de tomar. Hch. 8:26
b) el ángel de Señor le revela a un gentil para darles las instrucciones para que invite a Pedro a predicar a su casa. Hch. 10:7
c) El ángel de Dios es enviado para sacar a Pedro de la cárcel y lo libera de sus cadenas. Hch. 12:7-11
d) El ángel del Señor hiere de muerte a Herodes, frente a todo el pueblo. Hch. 12:23
e) El ángel del Señor aviso a Pablo del naufragio que sucedería y de la perdidas materiales. Hch. 27:23

7
INICIO DE LA IGLESIA EN FILIPO Y TESALÓNICA.

I. SEGUNDO VIAJE MISIONERO DEL APÓSTOL PABLO 2DA PARTE

La primera mujer europea convertida a Cristo

De allí llegamos a Filipos, una ciudad principal de ese distrito de Macedonia y una colonia romana. Y nos quedamos allí varios días. El día de descanso nos alejamos un poco de la ciudad y fuimos a la orilla de un río, donde pensamos que la gente se reuniría para orar, y nos sentamos a hablar con unas mujeres que se habían congregado allí. Una de ellas era Lidia, de la ciudad de Tiatira, una comerciante de tela púrpura muy costosa, quien adoraba a Dios. Mientras nos escuchaba, el Señor abrió su corazón y ella aceptó lo que Pablo decía. Fue bautizada junto con otros miembros de su casa y nos invitó a que fuéramos sus huéspedes. «Si ustedes reconocen que soy una verdadera creyente en el Señor —dijo ella—, vengan a quedarse en mi casa». Y nos insistió hasta que aceptamos. NTV Hch. 16:12-15

Ese es el inicio de la Iglesia en Filipos, en el cual mas adelante Pablo escribió la hermosa carta a los **Filipenses**. En Filipo recibieron tremendas experiencias sobrenaturales de parte de Dios. Primeramente, Lidia una mujer comerciante se convierte a Cristo fervorosamente.

Pablo decide quedarse en Filipo sin presión del tiempo porque discierne que Dios tiene muchas cosas bellas que realizar allí. Como creyentes se juntaban a la orilla del río para orar, Pablo decide unirse a ellos. Su hospedaje era en la bonita casa de Lidia.

Cierto día, cuando íbamos al lugar de oración, nos encontramos con una joven esclava que estaba poseída por un demonio. Era una adivina que ganaba mucho dinero para sus amos. Ella seguía a Pablo y también al resto de nosotros, gritando: «Estos hombres son siervos del Dios Altísimo y han venido para decirles cómo ser salvos». NTV Hch. 16: 16-17

II. PABLO HECHA FUERA A DEMONIOS DE UNA ADIVINA

...Te ordeno, en el nombre de Jesucristo, que salgas de ella. Y al instante el demonio la dejó.

No siempre el echar fuera demonios en publico fue bien visto. Es aquí donde el apóstol Pablo sufriría su primer altercado por hacer eso. La liberación fue una obra traída y ejercitada por Cristo. Pablo no vio nunca a Cristo hacerlo, pero tenia el mismo Espíritu del Maestro.

Oráculo de Delfos – Santuario a Apolo

Es una señal que trae sanidad al cuerpo, mente y alma del atormentado.

Pablo tenia un gran discernimiento y era un hombre muy audaz y sin temor. Este hecho le trajo graves problemas. Aunque los de **Tiatira** eran griegos de nacimiento, también eran ciudadanos romanos, adeptos a sus dioses que Roma había adoptado de la cultura helenística .

ESPÍRITU DE ADIVINACIÓN = literalmente "Pitón". Dicha expresión se origina en la mitología griega, según la cual la serpiente Pitón cuidaba el oráculo de Delfos.

ORÁCULO DE DELFOS -El oráculo de Delfos, era un recinto circular rodeado de columnas dedicado al dios griego Apolo. Los griegos acostumbraban a venir para realizar preguntas sobre la vida y el futuro. Llego a ser el centro religioso del mundo helénico, llegando gente desde Sicilia e Italia. El nombre Pitón en griego es [*Pito*] y fue tomado de la serpiente Pitón que según la leyenda vivía en la cueva de esos parajes, de ese nombre se denomina pitonisa, la que adivina bajo el espíritu de la serpiente. Al mismo Apolo se le llamo Apolo-Pitio, su elemento era el sol. Para información lea el Cap. 6. "Grecia" libro del Pastor José Zapico. El reino de Dios.

Pablo tuvo que confrontarse muchas veces con manifestaciones de espíritus malignos. Esta muchacha era una médium adoradora de Apolo y una adivina del futuro. El demonio no aguanta la presencia de Dios en Pablo y comienza hablar en voz alta la verdad. Pero el apóstol no podía dejar que una "bruja" hablara

Hay que hacer callar el demonio, aunque parece que dice la verdad, también puede comenzar a maldecir. Nunca deje que el demonio hable ni menos en lenguas satánicas. Depende siempre del discernimiento del Espíritu.

...Las esperanzas de sus amos de hacerse ricos ahora quedaron destruidas, así que agarraron a Pablo y a Silas y los arrastraron hasta la plaza del mercado ante las autoridades. ¡Toda la ciudad está alborotada a causa de estos judíos! —les gritaron a los funcionarios de la ciudad—. Enseñan costumbres que nosotros, los romanos, no podemos practicar porque son ilegales». Hch. 16:19-21

III. PABLO Y SILAS EN EL CEPO DEL CALABOZO

La acusación delante de los magistrados era falsa, sin embargo todo el pueblo se agolpo contra ellos. Pablo y Silas fueron azotados con varas mucho, y luego puesto en la parte mas impenetrable de la prisión. Les pusieron los pies en el cepo. **Medida de seguridad para causar calambres a las piernas de los prisioneros.**

ESTAR AL LADO DE PABLO NO ERA FÁCIL. SILAS DEMOSTRÓ QUE SU FE HABÍA CRECIDO COMO LA DEL APÓSTOL.

En medio de la presión hay que alabar – Dios mando un terremoto. La Unción de Elías estaba identificándose como el Bautismo del Espíritu Santo y fuego.

*25 Alrededor de la medianoche, Pablo y Silas estaban orando y cantando himnos a Dios, y los demás prisioneros escuchaban. 26 De repente, hubo un gran terremoto y la cárcel se sacudió hasta sus cimientos. Al instante, **todas las puertas se abrieron de golpe, ¡y a todos los prisioneros se les cayeron las cadenas!***

Los prisioneros oían los cánticos y las oraciones, la liberación vino para todos.

CUANDO TU NO TE DEJAS VENCER POR EL TEMOR NI POR LAS CIRCUNSTANCIAS CONTRARIAS POR TU ACTITUD LOS DEMÁS RECIBEN LIBERACIÓN.

El resultado fue que el carcelero de Filipos y su familia creyeron en Cristo (Hch. 16:25), y al llegar a la mañana los oficiales de la ciudad se estremecieron al saber que habían tratado con violencia a un ciudadano de Roma. Los atemorizados eran los magistrados y le rogaron a Pablo que salieran rápido de la ciudad. Llegando a la casa de Lidia fueron consolados y se despidieron con la bendición de dejar un vivo testimonio en Filipos. **¡La Iglesia entre los filipenses había dado inicio!**

IV. COMIENZA UNA NUEVA CONGREGACIÓN EN TESALÓNICA.

Más tarde, Pablo y Silas pasaron por las ciudades de Anfípolis y Apolonia y llegaron a Tesalónica donde había una sinagoga judía. Como era su costumbre, Pablo fue al servicio de la sinagoga y, durante tres días de descanso seguidos, usó las Escrituras para razonar con la gente. Explicó las profecías y demostró que el Mesías tenía que sufrir y resucitar de los muertos. Decía: «Este Jesús, de quien les hablo, es el Mesías». Algunos judíos que escuchaban fueron persuadidos y se unieron a Pablo y Silas, junto con muchos hombres griegos temerosos de Dios y un gran número de mujeres prominentes. (Hch. 17:1-4).

Pablo halló en Tesalónica un grupo de judíos influyentes. No sólo tenían una sinagoga propia, sino que también habían atraído para sí un número considerable de griegos. El ministerio de Pablo no fue carente de resultados. En tres semanas había ganado:

- algunos convertidos de entre los **judíos**
- gran número de adeptos entre los **griegos** piadosos
- y no pocas **mujeres** nobles (Hechos 17:4).

Debido a la presión por parte de los judíos incrédulos, las autoridades obligaron a Pablo a abandonar la ciudad. Las revueltas eran muy comunes entre los judíos incrédulos, eran conocidos como fanáticos y alborotadores, en cada ciudad que se realizaban milagros de conversiones también los hombres perversos, armaban revueltas. En esta ocasión Jason un hombre convertido es la victima de ellos. Pablo no puede detenerse la uncion apostólica le inspira cada día.

Apóstol en griego es [*apostolo*] primero. Es igual a [*protón*] como inicial o primero. Pablo es usado por Dios para iniciar nuevas congregaciones [*eckkesia*]

Pablo sigue su viaje hacia al sudoeste de Tesalónica, y se detiene en Berea, donde había otra sinagoga judía cuyos miembros escucharon atentamente el mensaje de Pablo y escudriñaron las Escrituras para comprobar sus afirmaciones. Sus corazones eran diferentes prontamente aceptaron el evangelio con gozo. Cuando los alborotadores de Tesalónica se enteraron que allí el evangelio había llegado también, fueron para allí, solo para molestar y provocar problemas. Los bereenses ayudaron a Pablo a llegar a Atenas con seguridad. Silas y Timoteo se quedaron allí pero no por mucho tiempo ya que el apóstol los requería.

V. PABLO EN ATENAS.

Hechos 17:16-21.
Atenas es una de las ciudades más famosas del mundo antiguo. El Areópago, era conocido como el centro mas importante intelectual, cultural y religioso. Era la sede de las escuelas de filosofía. Era una ciudad "entregada a la idolatría" (v. 16). Se decía que habían más dioses que hombres en Atenas. El Apóstol Pablo comenzó su mensaje en el Areópago con esta declaración: *"Varones atenienses, en todo observo que sois muy religiosos" (v. 22)*. No les faltaba la religión, pero con toda la religión que tenían, no conocían al único Dios verdadero.

Entonces lo llevaron al Concilio Supremo de la ciudad. Ven y háblanos sobre esta nueva enseñanza dijeron. Dices cosas bastante extrañas y queremos saber de qué se trata. (Cabe explicar que todos los atenienses, al igual que los extranjeros que están en Atenas, al parecer pasan todo el tiempo discutiendo las ideas más recientes). Pablo atacó el politeísmo, basándose en la naturaleza espiritual de Dios y el derecho que Él tiene sobre la vida de todos los hombres. Y exalto al *"dios no conocido"* pero cuando llego a la resurrección; ahí sus mentes entraron en conflicto y no atendieron mas su mensaje. A pesar de toda la oposición filosófica, algunos creyeron a Pablo, **incluyendo a Dionisio, un miembro del concilio del Areópago.**

VI. LAS DOS ESCUELAS FILOSOFICAS

1. LOS EPICUIREOS:

Los epicúreos eran materialistas y ateístas. Creían que lo más importante de la vida era el placer; que el placer es el único bien y el dolor el único mal. Para ellos no había ni Dios ni existencia futura en la eternidad. Su lema era *"comamos y bebamos porque mañana moriremos."*

Hoy los hombres siguen siendo amantes de los deleites más que de Dios.

2. LOS ESTOICOS:

Los estoicos creían que Dios era todo y en todo, lo cual se llama Panteísmo. Eran fatalistas y consideraban que la apatía era el logro moral más alto. Para ellos Dios era el "alma" del universo, de modo que la distinción entre lo humano y lo divino ya no existía. **El hombre llegó a ser su propio Dios.**

Esta es la enseñanza básica de todos los cultos espiritistas con ciertas variaciones, tales como la Ciencia Cristiana, Unitarismo, el Espiritualismo, Nueva Era y otros.

ATENEA - MINERVA PARA LOS ROMANOS

Diosa griega del pensamiento, símbolo del progreso intelectual. Se le atribuía la invención de las ciencias, del arte y de la agricultura. Los atenienses la consideraban protectora. De su nombre deriva el de la ciudad, donde se instituyo el Areópago; a ciudad de Atenas.

DIOSES GRIEGOS VENERADOS, IMPERIO ROMANO

Nombre Griego – Nbre. Romano (latín) –	**Elementos que representaban**
Zeus - Júpiter	El cielo y el aire, el poder del águila, el cetro y el rayo - USA
Apolo - Febo	El Sol, las artes, las letras y la música – Filipo, Grecia
Artemisa - Diana	La Luna, la caza (Lilith o Innana) diosa de Efeso, Hch.19
Hermes - Mercurio	El odio, la guerra - (NY) Hch. 14:2
Atenea - Minerva	La inteligencia humana, sabiduría animal (diosa Europea)
Afrodita - Venus	El amor (*eros*) la belleza (sensual)

8
CORINTO Y EL 3ER. VIAJE MISIONERO

I.   Inicio de la Iglesia en Corinto
II. Pablo hace un voto de consagración
III. Tercer viaje misionero

Objetivo: La gracia pudo ser predicada con libertad a los gentiles no así a los judíos, que seguían guardando la ley de Moisés. Pablo fue llamado a los gentiles, y el Espíritu Santo lo respaldaba con grandes señales.

Texto clave: *Dios le dio a Pablo el poder para realizar milagros excepcionales. Cuando ponían sobre los enfermos pañuelos o delantales que apenas habían tocado la piel de Pablo, quedaban sanos de sus enfermedades y los espíritus malignos salían de ellos.* Hechos 19:11-12

I INICIO DE LA IGLESIA EN CORINTIOS

Después de salir de Atenas, donde no tuvo el éxito esperado, Pablo llega a Corinto, a la capital de la provincia romana de Acaya. **(Acaya, es el nombre que daban los romanos a Grecia).** Pablo estaba solo en la ciudad idólatra, número uno en prostitución y borracheras. Al llegar a Corintios se encuentra con Aquila y Priscila, un matrimonio convertido a Cristo recién llegados de Roma. (Hch 18:1-2) Valiéndose de su oficio de hacer tiendas a fin de tener para sus gastos, se identifica y se hospeda con ellos, los cuales habían sido expulsados de Roma, por el edicto anticristiano por parte de Claudio. Corría el año 49 después de Cristo. Pablo encontró en Corinto un prometedor campo misionero, por eso decide quedarse y evangelizar en Europa.

EN UN AMBIENTE DIFÍCIL PARA QUE HAGAS CAMBIOS. DIOS ESTA HACIENDO ESTAS RELACIONES VERDADERAS. NO IMPORTA QUE HAGA EL DIABLO EN CONTRA TUYA. SON CONEXIONES DIVINAS CON DISEÑOS DIVINOS.

Aunque creas que el diablo te esta debilitando Dios lo girara para que resulte tu presión en bendición.

El nombre del cesar gobernador del imperio romano durante ese tiempo era Claudio padrastro de Nerón, este tenia una familia disfuncional. Agripina se caso con Claudio, tuvo un hijo que quería que subiera al poder. Cuando Claudio murió, su hijo subió al poder y este mando llamar a su madre y cuando llega (cruzando los mares), la manda matar. Ellos creían que los Cesar eran la encarnación de los dioses del Olimpo engendrados con humanos es decir "Hijos de los dioses". Claudio antes de morir, saco los judíos de Roma que constantemente estaban emocionados para su rey y Dios El Cristo, (los judíos que nacían de Nuevo) Claudio no dejaba que otro dios divino tomara su poder, entonces hubo una masiva deportación de judíos creyentes y fueron marcados y sellados como enemigos totales de Roma. Sus bienes les fueron despojados, no eran dignos de nada, pero fue ese ataque el que preparo el avance mas grande de Dios sobre el planeta. Comenzaron en medio de la persecución a crecer y a crecer más y más, no tenían propiedades ni nada; solo tenían el aferrarse a su fe.

¿Ud. cree que ahora esta duro? En aquella época era más difícil, pero aun así Dios se movió poderosamente en medio de las necesidades.

LA MANERA QUE REACCIONES FRENTE A UNA CRISIS DARÁ EL RESULTADO DE BENDICIÓN PARA TU VIDA UN CATADOR DE NUEVOS NIVELES DE TU FE.

En esta ciudad Pablo junto con el matrimonio amigo, influyó en individuos de todos los niveles de la sociedad. Aunque fue expulsado de la sinagoga, pudo ganar a varias personas influyentes de Corinto:

- **Crispo, el dirigente principal de la sinagoga.**
- **un romano llamado Justo, abrió su casa para las reuniones de la primera iglesia en Corinto.**
- **Erasto, el tesorero de la ciudad, era otro destacado convertido.**

... y muchos otros en Corinto también escucharon a Pablo, se convirtieron en creyentes y fueron bautizados. Una noche, el Señor le habló a Pablo en una visión y le dijo: ¡No tengas miedo! ¡Habla con libertad! ¡No te quedes callado! 10 Pues yo estoy contigo, y nadie te atacará ni te hará daño, porque mucha gente de esta ciudad me pertenece. 11 Así que Pablo se quedó allí un año y medio enseñando la palabra de Dios. NTV (Hch. 18: 8-11) * por causa de esta protección divina Pablo hace un voto.

Pablo tuvo que atravesar esa crisis varias veces, pero el tuvo que reaccionar a sus circunstancias. La soledad, la cárcel, los tumultos y los juicios, le abrieron las puertas al apostolado. El diablo creía que estaba persiguiendo a Pablo, **pero la circunstancia lo estaba posesionando para escribir la revelación poderosa de Dios a través de sus cartas.**

Lo que parecía algo destructivo, se convirtió en su éxito total. No podemos quedarnos a solas necesitamos complementar el don junto a los demás, Dios te pondrá a los que te ayuden a continuar el trabajo.

Pablo tenia la habilidad para comenzar la obra (Iglesias) pero él solo, no podía terminarla. A eso le llamamos el cuerpo unido de Cristo funcionando y trabajando en equipo. *...Conforme a la gracia de Dios que me ha sido dada, yo como perito arquitecto puse el fundamento, y otro edifica encima; pero cada uno mire cómo sobreedifica.* 1Corintios 3:10. Esta palabra *perito*, deriva la palabra, "**el que dirige un proyecto**", modificador como sabio, maestro de construcción, describe a una persona con un entendimiento especial y particular. Se trata de diseñar y edificar una Iglesia. Los arquitectos son asombrosos, pero ellos no levantan las paredes, solo echan el fundamento, dirigen, programan; esto son los apóstoles. Pablo escribió:

YO INICIO LA OBRA PERO OTRO SOBRE EDIFICA Y OTRO DESPUÉS SOBRE EDIFICA TAMBIÉN, Y NOSOTROS TODOS, ESTAMOS EDIFICANDO LO QUE OTRO EDIFICO.

II. PABLO HACE UN VOTO

Después Pablo se quedó en Corinto un tiempo más, luego se despidió de los hermanos y fue a Cencrea, que quedaba cerca. Allí se rapó la cabeza según la costumbre judía en señal de haber cumplido un voto. Después se embarcó hacia Siria y llevó a Priscila y a Aquila con él. Hechos 18:18

Para mostrar gratitud a Dios por el tiempo prospero que paso en Corintio, el apóstol tomo un voto nazareo, como promesa especial de separación y devoción a Dios. (Números 6: 2-9) El voto duraba un tiempo especifico de consagración. En el AT. si alguno muriere súbitamente junto a el, su cabeza consagrada se contaminaba por eso al final de los días de su voto sacaría 7 días y al final se raparía la cabeza para purificarse de la contaminación. *Estaba en ello, cuando unos judíos de Asia me hallaron purificado en el templo,* **Hechos 24:18. En el tiempo de Pablo, si alguien hacia el voto mientras estaba lejos de Jerusalén (Templo) al terminar de cumplir su voto se rasuraba la cabeza como Pablo lo hizo para presentar el cabello antes que transcurrieran 30 días.** * Comentario Biblia Mc.Arthur.

Pablo ya esta apurado para regresar a Jerusalén, quiere estar en una fiesta judía especial, pero debe pasar por Efeso, y como de costumbre visita la sinagoga de allí. Apresuradamente los visita prometiéndoles regresar y quedarse con ellos mas tiempo.

Este viaje duro aproximadamente 5 años (del 52 al 57 dC). Visito entre otros lugares: Éfeso, Corintios, Troas, Tiro, Cesárea, islas de Cos y Rodas, puerto de Patara y Jerusalén. Gran parte del tercer viaje misionero **fue dedicado a visitar Iglesias que habían sido establecidas anteriormente**. Tres de las grandes epístolas de Pablo tales como 1 y 2 de Corintios y Romanos, fueron escritas durante este periodo. También en este tiempo, aclaro la situación doctrinal entre el bautismo de Juan por el arrepentimiento, y el bautismo de Jesucristo por el Espíritu Santo y se enfrentó contra la idolatría de Éfeso, al culto que le rendían a la diosa diana.

Éfeso

Fue en Éfeso donde Pablo permaneció durante más tiempo que en cualquier otro lugar mientras duraba su ministerio. Aquí bautizo con el Espíritu Santo a 12 hombres y enseño en la sinagoga durante tres meses. Cuando los judíos empezaron a atacarlo **lo obligaron a reunir a los creyentes y organizarlos en iglesias.** Fue aquí donde Aquila y Priscila le explican con más detalle la operación del Espíritu Santo a Apolo un

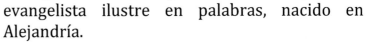 evangelista ilustre en palabras, nacido en Alejandría.

TAMBIÉN EN ESTE LUGAR, PABLO PREDICO DURANTE DOS AÑOS EN LA ESCUELA DE TIRANO EN DONDE QUEMARON LIBROS DE MAGIA.

Aunque Pablo no hizo ningún ataque directo contra la idolatría, si revoluciono la fe a muchos de los seguidores de la diosa diana.

Diana era la diosa de la fertilidad, representada por una estatua con muchos senos. Parte de los festivales y ritos en el templo de Éfeso, consistían en fiestas llenas de sensualidad donde participaban jóvenes vírgenes, seleccionadas para realizar orgías y danzas eróticas dedicadas a la diosa.

El culto a esta deidad, era la forma más popular de la religión en Éfeso, Asia y el mundo entero conocido (Hch, 19:27). Esto le ocasiono problemas con los que trabajaban en la elaboración de los ídolos e hizo que Demetrio el platero, incitara a los demás negociantes para que se levantaran en contra de él.

Fue en esta ocasión en donde se organizó una revuelta en el gran teatro de Éfeso, el cual tenía una capacidad de 25.000 personas. Su revuelta se basó en que la ciudad de Éfeso era guardiana del templo que custodiaba a Diana y a Jupiter, gritando por dos horas que diana era grande diosa de los Efesios! Ellos debían mantener viva la tradición de la adoración a ella, porque esto les proporcionaba grandes ganancias.

Gracias a la intervención del escribano que logró calmar los ánimos encendidos de la turba, Pablo pudo salir ileso de la misma, ya que les aseguro que el Apóstol no tenía nada que ver con el sacrilegio a su diosa.

HOY EN DIA SE REPITE LA HISTORIA, LOURDES, EN FRANCIA, VIRGEN DEL LUJAN EN ARGENTINA, GUADALUPE EN MEXICO, LA VIRGEN DEL ROCIO EN SEVILLA, ESPANA, SAN PEDRO EN EL VATICANO EN ROMA.

Corinto

Aquí permanece tres meses (Hechos 20:3) y escribe la carta a los Romanos. Esta era una época de invierno, y aunque tenía un fuerte deseo de ir a Siria tuvo que esperar para pasar a Macedonia, después con algunos compañeros llego a Troas.

Troas

Pablo continua hacia el norte en Troas donde esperaba encontrarse con Tito, quien traía noticias de Corinto. En este lugar encontró una gran oportunidad para las actividades misioneras. En Troas alarga su discurso de despedida. Muere un joven llamado Eutico y es resucitado. Hch 20:7-12

Cesárea

En esta ciudad se hospeda en la casa de Felipe, y un profeta llamado Agabo, atándose los pies y manos con el cinto de Pablo, y le dijo: *"Esto dice el espíritu Santo: así ataran los judíos en Jerusalén al varón de quién es este cinto y le entregarán en manos de los gentiles"* (Hechos 21:11). Sus acompañantes le ruegan que no vayan a Jerusalén. Pero él les dice que está dispuesto a morir por el nombre del Señor Jesus, y sale de la ciudad Santa.

Filipos Tesalónica y Berea

Estas ciudades de Macedonia fueron visitadas cuando Pablo paso a Europa. Es probable que Pablo haya llegado hasta la zona costera del este del adriático (antigua Yugoslavia). El punto más lejano de su viaje fue hasta Gracia o Acaya, y después de tres meses emprendieron el viaje de regreso.

Cuando llego el día de despedirse tanto de los hermanos en Mileto como en Tiro, se colgaban de su cuello y lloraban porque el les decía: "no se si los volveré a ver". Cuando Pablo termino de hablar, tanto él como los ancianos se arrodillaron para orar juntos. **La oración de rodillas era muy común entre la Iglesia primitiva.** Hechos 20:36-38. - 21:5.

Los hermanos de Tiro le rogaron por el Espíritu, que **no fuera a Jerusalén**. No era la primera vez que Pablo había oído de parte de sus hermanos la advertencia de no ir a Jerusalén, (ellos sentían que su vida corría peligro). Su ultima ciudad antes de Jerusalén fue Cesarea, allí se hospedó en casa de Felipe el Evangelista. Este tenia cuatro hijas en la cual todas profetizaban. Estando allí llego un profeta llamado **Agabo**. (v.10-11) Este le profetizó lo que le iban hacer, nunca le dijo que el Espíritu le prohibía ir. Pablo entendió el mensaje, y prefirió sufrir por Cristo. Los hermanos en Cesarea le insistieron de nuevo: "**no vayas a Jerusalén**"
-¿qué hacéis llorando y quebrantándome el corazón? -Dijo Pablo,...*Yo estoy dispuesto no sólo a ser encarcelado en Jerusalén, sino incluso **a morir por el Señor Jesús**. Al ver que era imposible convencerlo, nos dimos por vencidos y dijimos: «Que se haga la voluntad del Señor».* NTV Hch. 21:13-14.

Jerusalén
Muchos de los hermanos de Cesarea lo acompañaron a Jerusalén. Pablo tenía un fuerte deseo de volver a la ciudad de paz, para celebrar la fiesta del Pentecostés. Pablo quiere reportarse y estar con el concilio. Va a la casa de su hermano el Apóstol Santiago, todos los ancianos estaban en esa reunión . El le cuenta una por una, todas las cosas que Dios hizo a través de su ministerio. Las costumbres judaicas todavía estaban muy fuertes en los ancianos de Jerusalén, el cual le exhortan que finalice con el rito de la purificación en el templo junto a otros judíos que también habían hecho voto. Para demostrar que no estaba en contra de la ley de Moisés. Eso duraría 7 días exactos según las costumbres. Pero,... algo pasaría en el Templo antes de ese tiempo.

9
DE JERUSALÉN A ROMA
4то. VIAJE MISIONERO

Isla de Malta

Objetivo: No importa cual difíciles circunstancias pasemos en la vida, si estamos en la perfecta voluntad de Dios, saldremos siempre mas que vencedores.

Texto: *...sabiendo esto, que nuestro viejo hombre fue crucificado juntamente con él, para que el cuerpo del pecado sea destruido, a fin de que no sirvamos más al pecado.* Romanos 6:6

Así que, al día siguiente, Pablo fue al templo con los otros hombres. Ya comenzado el ritual de purificación, anunció públicamente la fecha en que se cumpliría el tiempo de los votos y se ofrecerían sacrificios por cada uno de los hombres. Cuando estaban por cumplirse los siete días del voto, unos judíos de la provincia de Asia vieron a Pablo en el templo e incitaron a una turba en su contra. Lo agarraron mientras gritaban: ¡Hombres de Israel, ayúdennos! Este es el hombre que predica en contra de nuestro pueblo en todas partes y les dice a todos que desobedezcan las leyes judías. NTV Hechos 21:16-28

AL OÍR ESTO TODA LA CIUDAD DE JERUSALÉN SE ESTREMECIÓ Y TODOS LLEGARON AL TEMPLO CORRIENDO DE TODOS LOS LUGARES DE LA CIUDAD,

Apresaron a Pablo y lo arrastraron fuera del Templo, golpeándolo mientras se lo llevaban al patio de las mujeres cerrando las puerta para que nadie viera lo que iban hacer. Cuando estaban tratando de matarlo se les dio aviso al tribuno, (comandante de la guarnición).

Tribuno – Su nombre era Claudio Lisias (Hch. 23:26) era quien encabezada la guarnición romana con sede en Jerusalén. Era el oficial romano de mas alto rango, aunque su residencia estaba en Cesarea. Bajo su cargo tenia a mil hombres y residían en la Fortaleza Antonia.

El tribuno mando soldados y apartaron a los hombres que trataban de matar a Pablo y atándolo con cadenas trato de averiguar que estaba pasando. La multitud gritaba sin parar de tal manera que decidió llevar a Pablo a la Fortaleza adjunta al templo. Pablo le pide en lengua griega que le deje hablar a la multitud. El tribuno le concede la petición

PABLO PUEDE EXPONER SU TESTIMONIO EN JERUSALÉN FRENTE A LOS ALBOROTADORES. AL HABLAR EN LENGUA ARAMEA LOS HACE CALMAR, EL EXPONE SU TESTIMONIO, EXPLICANDO PASO A PASO Y DANDO ÉNFASIS DE COMO JESÚS SE LE APARECIÓ CUANDO IBA CAMINO A DAMASCO.

La multitud escuchó hasta que Pablo dijo esta palabra. (Pero el Señor me dijo: ¡Ve, porque yo te enviaré lejos, a los gentiles) Entonces todos comenzaron a gritar: «¡Llévense a ese tipo! ¡No es digno de vivir!». **23 Gritaron, arrojaron sus abrigos y lanzaron puñados de polvo al aire.** NTV Hch. 22:22-23

Deciden entrarlo otra vez para custodiarlo, sin saber la causa del alboroto en toda la ciudad. Dan la orden de azotarlo, pero cuando el anuncia que es ciudadano romano **(la ley romana no declara culpable a nadie sin antes tener un juicio Hch. 25:16)** por esa causa inmediatamente suspenden el castigo. Y decide entonces presentarlo al "Concilio supremo" Sanedrín para que los judíos, lo juzguen. Viendo Pablo que estaban los saduceos y fariseos, nombra la resurrección para formar entre ellos disputa y asi mismo empieza a caldearse el ambiente.

*Como el conflicto se tornó más violento, el comandante tenía temor de que descuartizaran a Pablo. De modo que les ordenó a sus soldados que fueran a rescatarlo por la fuerza y lo regresaran a la fortaleza. Esa noche el Señor se le apareció a Pablo y le dijo: «**Ten ánimo, Pablo. Así como has sido mi**

testigo aquí en Jerusalén, también debes predicar la Buena Noticia en Roma». NTV Hch 23:10-11

PABLO ESTABA RESUELTO A SER ENCARCELADO O MUERTO POR CRISTO SU META ERA LLEGAR A ROMA Y DAR TESTIMONIO DE CRISTO A LA GRAN CAPITAL DEL IMPERIO.

... A la mañana siguiente, un grupo de judíos se reunió y se comprometió mediante un juramento a no comer ni beber hasta matar a Pablo. Eran más de cuarenta los cómplices en la conspiración. Fueron a los sacerdotes principales y a los ancianos y les dijeron: «Nos hemos comprometido mediante un juramento a no comer nada hasta que hayamos matado a Pablo. Así que ustedes y el Concilio Supremo deberían pedirle al comandante que lleve otra vez a Pablo ante el Concilio. Aparenten que quieren examinar su caso más a fondo. Nosotros lo mataremos en el camino». Pero el sobrino de Pablo —el hijo de su hermana— se enteró del plan y fue a la fortaleza y se lo contó a Pablo. NTV Hch 23:12-16

Los sacerdotes principales y a los ancianos de la ciudad de Jerusalén estaban haciendo una alianza como las Sociedades Secretas. Un juramento no basado en Dios es un arma poderosa para que Satanás tenga puertas abiertas para atacar una persona. La brujería bajo pacto no le llegó a Pablo. Dios tenia planes de llevarlo a Roma para testificar a los gentiles allí y ningún plan de sus enemigos humanos impediría que no se llevara a cabo.

Gracias al sobrino de Pablo que escucha la conversación llega a tiempo al dar su aviso al comandante de la guarnición. Con una escolta de 200 soldados, 200 lanceros y 70 hombres de a caballo es enviado esa misma noche Pablo a Cesarea a pasar directamente bajo las ordenes del gobernador Félix; con una carta que decía:

De Claudio Lisias. A su excelencia, el gobernador Félix. ¡Saludos!

Unos judíos detuvieron a este hombre y estaban a punto de matarlo cuando llegué con mis tropas. Luego me enteré de que él era ciudadano romano, entonces lo trasladé a un lugar seguro. Después lo llevé al Concilio Supremo judío para tratar de averiguar la razón de las acusaciones en su contra. Pronto descubrí que el cargo tenía que ver con **su ley religiosa, nada que merezca prisión o muerte** en absoluto; pero cuando se me informó de **un complot para matarlo,** se lo envié a usted de inmediato. Les he dicho a sus acusadores que presenten los cargos ante usted».

Félix quería congraciarse con los judíos pero a la vez no tenia pruebas tangibles para acusar a Pablo, por eso decide dejarlo parcialmente prisionero y no negarle las visitas de sus amigos.

Pasaron dos años así, y Félix fue sucedido por Porcio Festo. Y, como Félix quería ganarse la aceptación del pueblo judío, dejó a Pablo en prisión. (23:27)

Festo lo quiere mandar a Jerusalén por pedido de los sacerdotes principales y a los ancianos judíos, mientras que Pablo apela a Cesar . Prefiere ser llevado prisionero a Roma antes de caer en manos de los que procuraban matarlo.

PABLO TIENE LA OPORTUNIDAD DE DAR SU TESTIMONIO, FRENTE AL REY AGRIPA, EL GOBERNADOR FÉLIX Y BERENICE. AQUÍ SE CUMPLIÓ LA PROFECÍA DADA POR ANANIAS.

II.   NAUFRAGIO

Pablo es enviado prisionero a Roma.

Cuando llegó el tiempo, zarpamos hacia Italia. A Pablo y a varios prisioneros más los pusieron bajo la custodia de un oficial romano [a] llamado Julio, un capitán del regimiento imperial (de la compañía de Agusta). El barco tenía previsto hacer varias paradas en distintos puertos a lo largo de la costa de la provincia.(Asia). NTV Hch. 27:1

Pablo sintió el viento soplar en contra, el percibe que el viaje seria con inconvenientes. Apenas comenzaban el viaje cuando Pablo le comentó eso con los oficiales del barco. Les dijo: *Señores, creo que tendremos problemas más adelante si seguimos avanzando: naufragio, pérdida de la carga y también riesgo para nuestras vidas* v.10. Pero ni el capitán de la guardia romana ni el dueño del barco escuchan la advertencia de Pablo.

Pablo nunca perdió la guía del Espíritu de Dios, el no se dejaba llevar por las circunstancias por mas difíciles que fueran, como escribió en su carta a los Romanos 8 hay que andar en el Espíritu y no bajo la naturaleza pecaminosa.

PERO LOS QUE SON DE CRISTO HAN CRUCIFICADO LA CARNE CON SUS PASIONES Y DESEOS.

Nuevamente el ángel del Señor se le aparece a Pablo para mostrarle lo que sucedería con todos y aun con el barco. Este mensaje se lo da a todos:

«Señores, ustedes debieran haberme escuchado al principio y no haber salido de Creta. Así se hubieran evitado todos estos daños y pérdidas. ¡Pero anímense! Ninguno de ustedes perderá la vida, aunque el barco se hundirá. Pues anoche un ángel del Dios a quien pertenezco y a quien sirvo estuvo a mi lado y dijo: "¡Pablo, no temas, porque ciertamente serás juzgado ante el César! Además, Dios, en su bondad, ha concedido protección a todos los que navegan contigo". Así que, ¡anímense! Pues yo le creo a Dios. Sucederá tal como él lo dijo, pero seremos náufragos en una isla». V. 21-26.

Tal como el Espíritu le aviso a Pablo la tormenta partió en dos el barco.

Todos se salvan conforme la voz del ángel y llegan como náufragos a una isla que luego se enteran que era Malta. Allí una serpiente pica a Pablo.

UNA VEZ MAS DIOS SE GLORIFICA A TRAVÉS DE LA VIDA DE SU APÓSTOL. EL VENENO DE LA PICADURA NO LE HACE EFECTO Y SANA EL HIJO DEL PRINCIPAL DE LA ISLA. AL VER EL MILAGRO MUCHOS ENFERMOS LE PIDIERON ORACIÓN A PABLO Y FUERON TODOS SANOS

...pero Pablo se sacudió la serpiente en el fuego y no sufrió ningún daño. La gente esperaba que él se hinchara o que cayera muerto de repente; pero después de esperar y esperar y ver que estaba ileso, cambiaron de opinión y llegaron a la conclusión de que Pablo era un dios. NTV Hch 28:5-6.

Pablo se goza al llegar a Roma porque muchos hermanos sin que nunca le hubieran visto su rostro, lo estaban esperando. El se sintió gozoso de estar otra vez en medio de los santos escogidos. Pablo se quedo en Roma en una casa alquilada esperando la apelación, por mas de dos años. Allí podía abiertamente predicar de Cristo. Se conoce por los escritos de los historiadores que es puesto prisionero en Roma donde desde allí siguió escribiendo a sus amados.

A pesar de tener una vida tan agitada y con tantos pleitos, Pablo fue un hombre que tuvo visiones, vio el cielo y recibió los misterios de Cristo y los misterios de la Iglesia. Todo esto lo fue trasmitiendo a través de sus cartas a las diferentes Iglesia que había fundado

Carta generales

- **I y II Tesalonicenses** (la forma más primitiva)
- **Romanos y Gálatas** (Controversias con los judaizantes)
- **I y II Corintios** (disputas con los helenistas).

Cartas de la cautividad:

- **Filipenses, Colosenses y Efesios** (controversias con doctrinas agnósticas)
- **Filemón.** (defensa de un esclavo convertido)
-

Cartas Pastorales:
- **I y II a Timoteo, y Tito**.

BIBLIOGRAFÍA

La Bbilia de Estudio McArthur. 2004 <u>Editorial Portavoz.</u>

Biblia Nueva Traducción Viviente. 2005 <u>Tyndale House Publishers, Inc.</u>

Biblia Reina Valera 1960. 1988 <u>Sociedades Bíblicas Unidas.</u>

Diccionario Holman. 2008 <u>B&H Publishing Group.</u>

Diccionarios.com. 2011. <u>Larousse Editorial</u>

Made in United States
Orlando, FL
11 June 2022

18704111R00038